성장으로서 독서 경험

리터러시교육총서

성장으로서 독서 경험

김효리 지음

ㅎ

대한민국, 서울, 학이시습, 2025

성장으로서 독서 경험

지은이 김효리
펴낸이 박영률

발행일 2025년 12월 15일

학이시습
출판등록 2007년 8월 17일 제313-2007-000166호
02880 서울시 성북구 성북로 5-11 (성북동1가 35-38)
전화 (02) 7474 001, 팩스 (02) 736 5047
learningbooks@commbooks.com
www.commbooks.com

Lifelong Learning Books
5-11, Seongbuk-ro, Seongbuk-gu, Seoul, 02880, KOREA
phone 82 2 7474 001, fax 82 2 736 5047

학이시습은 커뮤니케이션북스(주)의 평생학습 전문 브랜드입니다.

ISBN 979-11-430-1418-4 93370

책값은 뒤표지에 있습니다.

지금, 독서 경험을 말하다

어떤 책은 그저 한 번 읽고 지나가지만, 어떤 책은 마음 깊은 곳에 남아 우리의 삶을 다시 바라보게 한다. 더 나아가, 어떤 책은 삶의 결을 바꾸는 하나의 사건이 되기도 한다. 한 권의 책이 얼어붙은 내면에 말을 걸고, 내가 그 말에 반응하면서 '그때 이후로 나는 조금 달라졌다'라고 느끼는 순간이 있다. 그 순간의 그 경험은 개인의 삶에서 중요한 사건이 된다. 바로 그 변화의 지점, 얼어붙은 내면의 바다를 흔드는 울림을 '독서 경험'을 통해 얻을 수 있다면, 우리는 지금 그 경험에 대해 다시 질문할 필요가 있다.

독서는 언제나 우리 곁에 있었다. 호기심을 채우기 위해서, 즐거움을 느끼기 위해서, 시험을 준비하기 위해서, 자기 계발을 위해서, 휴식하기 위해서 등 삶의 국면마다 독서는 그 나름의 이유로 우리의 삶을 채워 왔지만, 정작 우리는 '독서를 통해 무엇을 경험하고 있는가?'라는 질문을 깊이 던져 본 적이 있었던가.

독서 교육의 현장에서, 그리고 일상의 독서 장면 속에서 필자가 반복해서 마주한 질문은 이것이었다. '독자는 독서를 통해 어떤 경험을 하는가?' 이 질문은 '독자가 어떤 책을 얼마나 많이 읽었는가?'라는 질문보다 훨씬 더 본질적이고 실존적인 물음이었다. 만약 독서가 단순한 읽기 행위를 넘어, 한 사람의 내면을 뒤흔들고 삶의 방향을 전환하는 사건이 될 수 있다면, 우리는 그 경험을 더 깊이 이해할 필요가 있다. 그리고 이 경험이 독자에게, 더 나아가 인류에게 어떤 가치를 지니는지를 성찰해야 한다. 이 책은 바로 그러한 물음에서 출발했다.

책을 읽는다는 것은 단순히 정보를 수집하는 행위가 아니다. 독자가 텍스트와 관계를 맺고, 상호교류를 할 때 독서는 삶을 통과하는 하나의 사건이 된다. 어떤 책은 나를 아프게 하고, 어떤 책은 나를 위로하며, 어떤 책은 나를 다시 일으켜 세워 앞으로 나아가게 만든다. 읽는다는 것은 곧 독자와 텍스트가 인지적·정서적으로 상호작용하며 의미를 구성해 가는 과정이다. 이 총체적인 경험은 어느 하나의 기능이나 결과로 환원되지 않으며, 독자에게 '변화' 또는 '성장'이라는 실존적 흔적을 남긴다. 그 흔적이 바로 독서 경험이 가진 교육적 가치일 것이다.

이 책은 독서를 단순한 행위가 아닌 하나의 '경험'으로 바라본다. 그리고 독서 경험을 통한 독자의 변화와 성장을 밀도 있게 탐색하면서, 독서 경험의 교육적 가치를 조명한다. 이 책이 처음부터 끝까지 품고 가는 핵심 질문은 이것이다.

"독자는 독서를 통해 어떤 경험을 하는가?"
"그 독서 경험은 어떤 교육적 가치를 가지는가?"

'독서'가 아니라 '독서 경험'을 말한다는 것

오늘날 '읽기'의 중요성은 그 어느 때보다 강조되고 있지만, 여전히 독서는 학업 성취, 문해력 향상, 정보 해석 능력 강화 등 수단적인 차원에서 논의되는 경우가 많다. 독서를 기능적인 측면에서 접근하는 시각이 지배적인 것이다. 그러나 독서는 단지 글을 정확히 읽고 해석하는 기능을 하는 데 머무르지 않는다. 독서는 독자가 텍스트와의 상호교류를 통해 새로운 의미를 스스로 구성하고, 그 과정에서 자신의 내면세계를 끊임없이 재구성해 나가는 여정이다.

이러한 관점에서 우리는 독서를 하나의 '경험'으로 바라보아야 한다. 독서 과정에서 발생하는 인지적 · 정서적 반응, 의미 구성의 주체성, 그로 인해 유발되는 자기 성찰은 독서를 단순한 기능적 행위가 아닌 깊이 있는 실존적 경험으로 확장한다.

따라서 이 책이 말하는 '독서 경험'이란, 텍스트와 독자의 상호교류를 통한 의미 구성 과정에서 생성되는 독자의 총체적인 경험을 뜻한다. 이때 독서 경험은 신체적 · 인지적 · 정의적 · 실천적 · 사회문화적 측면 등을 모두 아우르며, 단일한 측면으로 환원될 수 없는 다층적이고 복합적인 의미를 지닌다.

이제 우리는 '무엇을 얼마나 빨리 많이 읽었는가'라는 양적 물음보다 '어떤 독서 경험을 했는가'라는 질적 물음에 집중해야 한다. 독서의 진정한 가치는 바로 그 경험 속에서 발견되기 때문이다.

독자, 변화를 경험하는 존재

우리는 책을 읽으면서 울고, 웃고, 고개를 갸웃거리거나 끄덕이며, 때로는 잠시 멈춰서 삶의 방향을 고민하기도 한다. 이처럼 독자의 내면을 건드리는 독서 경험은 궁극적으로 독자의 변화와 성장을 추동하는 힘이 된다.

독자는 독서 경험을 통해 자신의 내면을 들여다보고, '나'라는 존재에 대한 이해를 확장해 간다. 나는 누구인지, 어떤 가치를 중요하게 여기는지, 앞으로 어떤 삶을 살아가고 싶은지에 대해 스스로 묻고 답하는 성찰의 과정을 살아내는 것이다.

이때 독서 경험은 단순히 지식을 습득하는 차원을 넘

어, '존재에 대한 성찰'이라는 실존적 차원으로 나아간다. 이러한 점에서 '독서 경험'은 곧 '실존적 경험'이 될 가능성을 품고 있다.

실존적 경험으로서의 독서 경험은 독자에게 끊임없이 변화를 경험할 기회를 제공한다. 그 기회를 붙잡은 독자는 끊임없는 변화 속에서 '내가 원하는 나', '더 나은 나'로 나아가는 여정을 이어 간다. 이렇듯, 독서 경험은 우리를 정체된 자아에 머물게 하지 않고, 끊임없이 변화하고 확장해 가는 존재로 살아가도록 이끈다.

지금, 왜 독서 경험을 말해야 하는가

오늘날 우리는 '읽기'의 위기를 이야기한다. 디지털 기술의 비약적인 발전으로 누구나 정보를 손쉽게 검색하고 요약된 내용을 빠르게 소비할 수 있는 시대가 열렸다. 그러나 그만큼 '깊이 있는 읽기'와 '경험으로서의 독서'는 점점 설 자리를 잃어 가고 있다. 속독, 요약, AI 도구 등이 일상화된 지금, 사람들의 관심은 '왜 책을 읽어야 하는가'라는 근본적 물음보다 '어떻게 더 빨리, 더 많이 읽을 것인가'에 쏠려 있는 듯하다.

바로 이런 시대일수록 우리는 '경험으로서의 독서'를 다시 이야기해야 한다. 독서는 단순한 텍스트 소비가 아니라, 인지와 정서, 사유와 성찰이 얽히는 복합적이고 총체적인 행위다. 독자는 책을 통해 자기 자신과 만나고, 세상과 조우하며, 삶의 방향을 점검한다. 다시 말해, 독서 경험의 질적 측면은 곧 '어떻게 살아갈 것인가'라는 실존적 질문과 직결된다.

우리가 살아가는 이 시대는 모든 것이 빠른 속도로 변화하고, 끊임없는 불확실성을 동반한다. 그럴수록 우리에게는 '어떻게 살아갈 것인가'에 대해 깊이 성찰할 수 있는 힘이 필요하다. 그 힘을 지닌 사람은 어떤 시대를 만나더라도, 시대의 흐름을 읽고, 그 맥락 속에서 자신만의 고유한 길을 창조적으로 개척해 나갈 수 있을 것이다. 그리고 끊임없는 변화와 성장을 통해 앞으로 나아갈 수 있을 것이다.

독서 경험은 바로 그런 힘을 길러 주는 내적 기반이 된다. 그렇기에 우리는 지금, 다시, 절실하게, '경험으로서의 독서'에 대해 말해야 한다. 그것은 단지 책을 많이 읽자는 권유가 아니라, '어떻게 살아갈 것인가?'에 대한 물음을 결코 미루지 말라는 실존적 삶에 대한 간절한 외침이다.

독서 경험 이야기

이 책의 각 장에서는 김효리(2024)의 독서 경험 연구에서 나타난 애독자들의 독서 경험 이야기가 간략하게 제시되어 있다. 이는 책을 즐겨 읽는 애독자들이 어떤 방식으로 책을 읽어 왔으며, 이들의 삶에서 독서 경험이 어떤 의미를 지니는지를 생생한 목소리로 들려주고 있다. 애독자들은 연령, 성별, 직업 등의 면에서 각기 다른 삶의 배경을 지니고 있었지만, 어린 시절부터 꾸준히 독서를 해 온 사람들이다. 이들은 여러 상황에서 다양한 목적과 방법으로 책을 읽으며, 그때마다 자신만의 방식으로 독서 경험의 의미를 축적하고 확장해 왔다. 이들의 독서 경험은 독서를 통해 삶을 바라보고, 자신을 성찰하며, 세상과 관계 맺는 방식을 보여 준다. 이들의 이야기가 또 다른 독자들에게 '책 세계로 향하는 따뜻한 초대장'이 되기를 기대한다.

각 장의 내용 구성 개관

1장에서는 독서 경험의 개념을 이해하고, 독서 경험의 총체적 성격을 살펴본다. 2장에서는 독서 경험의 교육적 가치에 주목하여, 독서 경험을 통한 변화와 성장의 의미를 이론적으로 고찰한다. 3장부터 8장까지는 독서 경험의 교육적 가치를 세부적으로 구분하여 '정체성 발달', '전문성 개발', '정서적 지지', '문제 해결', '긍정 정서 경험', '공감과 연대 형성' 등의 측면에 초점을 두고 논의한다. 9장에서는 3

장~8장의 논의를 '성장'이라는 통합적 의미로 수렴하면서, 지속적인 성장으로서의 독서 경험을 다룬다. 3장~9장의 시작 부분에는 각 장의 주제와 관련된 애독자들의 독서 경험 이야기가 담겨 있다. 이는 김효리(2024)의 독서 경험 연구에서 인용한 것이다. 마지막 10장에서는 독서 경험 연구 방법의 방법적 토대로서 현상학적 연구 접근법을 소개한다.

참고문헌

김효리(2024). 성인 독자의 독서 경험에 관한 현상학적 연구. 가톨릭대학교 대학원 박사학위 논문.

차례

편집자 일러두기

- 인명, 작품명, 저서명, 개념어 등은 한글과 함께 괄호 안에 해당 국가의 원어를 병기했습니다.
- 외래어 표기는 현행 어문규정의 외래어표기법을 따랐습니다.
- 저자의 박사 학위 논문을 바탕으로 재구성한 책입니다.

01

‘독서 경험’의 총체성

‘독서 경험’이란 텍스트와 독자의 상호교류를 통한 의미 구성 과정에서 생성되는 독자의 경험이다. 이때 독서 경험은 신체적 · 인지적 · 정의적 · 실천적 · 사회문화적 측면 등을 포함하며, 이러한 다양한 측면들은 독자로 하여금 총체적으로 경험된다.

'경험'에 대한 이해

국립국어원 표준국어대사전에 따르면, '경험(經驗)'은 각각 '지나다'와 '겪다'라는 뜻을 지닌 한자어의 결합으로 '자신이 실제로 해 보거나 겪어 봄. 또는 거기서 얻은 지식이나 기능'이라는 의미를 가진다. '경험'이라는 용어는 다양한 분야에서 폭넓게 사용되고 있는데, 교육학에서는 교육적 성장을 이해하기 위한 설명의 원리로 삼고 있다(이희용, 2015; 이돈희, 1993). 경험이 성장으로서의 교육적 의미를 갖는다는 견해는 존 듀이(John Dewey)의 사상에서 대표적으로 나타난다.

듀이는 '경험(experience)'을 인간이 세상과 맺는 관계로 보았다. 그의 관점에서 경험이란 인간과 환경이 끊임없이 상호작용하는 그 자체다. 하나의 유기체는 불확실한 현실 속에서 환경에 적응하며 변화하는데, 이때 감각이나 지각, 사유 등 다양한 차원에서 이루어지는 상호작용의 총체가 곧 경험이다. 즉, 경험은 앎의 과정과 앎의 대상과 앎의 주체뿐 아니라 앎의 결과도 포함하는 총체적인 것이다. 이러한 맥락에서, 듀이는 '산다는 것은 경험의 연속이다'라고 하였으며, 인간 존재의 본질을 끊임없는 경험의 흐름 속에서 이해하고자 했다. 그러나 모든 경험이 성장으로 이어지는 것은 아니다. 듀이는 그중에서도 인간에게 의미 있는 변화를 남기고, 이전의 경험과 유기적으로 연결되는 경험만이 참된 교육적 경험이라고 보았다.

경험의 총체성

인간은 수많은 경험을 하며 살아간다. 그중 어떤 경험은 희미하게 사라지지만, 어떤 경험은 선명하게 각인되어 삶 속에 남는다. 기억에 남는 경험은 주체자에게 하나의 사건이 되어 어떤 방식으로든 '의미'를 남긴 경험이다. 듀이는 이처럼 경험의 주체자에게 의미를 남긴 경험을 '하나의 경험'이라고 명명했다(Dewey, 1934).

'하나의 경험'은 단순한 하나의 사건을 뜻하지 않는다. 경험에 작용하는 모든 부분과 구성 요소가 조화를 이루어 하나의 통합된 완결 상태에 이르게 될 때 총체적 모습으로서의 '하나의 경험'이 된다. 이러한 경험은 경험 주체자의 삶에 질적 변화, 즉 성장을 가져온다(권정선 · 김회용, 2015).

예를 들면, 독자가 책을 단순히 '읽고 끝내는 것'은 파편적인 경험에 머문다. 그러나 책 속에서 얻은 생각과 감정이 새로운 이해나 행동으로 이어지고, 또 다른 경험과 연결된다면 그것은 곧 '하나의 경험'이 된다. 즉, 독서가 과거 맥락과 연결되고, 현재의 나를 변화시키며, 미래의 삶을 형성해 간다면, 독서는 단순한 읽기를 넘어서 삶과 통합된

'하나의 경험'이 된다. 그리고 그 경험은 독자의 성장을 이끈다.

이러한 '하나의 경험'은 정서적 · 실천적 · 지적 차원 가운데 어느 한 영역에만 국한되지 않는다. '하나의 경험'은 다양한 영역이 동시에 내재되어 있으면서 조화롭게 통합되어 하나의 완결 상태로 조직화된 총체적 성격을 가진다. 듀이는 이러한 경험의 총체성을 강조하며, 인간과 환경이 상호작용하고 있는 모든 요소는 구분되거나 분리되어 설명될 수 없는 총체적인 모습의 경험으로 정의된다고 했다(권정선 · 김회용, 2015). 이러한 관점은 '독서' 또한 삶과 통합된 총체적 경험으로 이해할 수 있는 이론적 토대가 되며, 바로 이 지점에서 '독서 경험'이라는 개념이 교육학적으로 주목받기 시작한다.

'독서 경험'의 총체적 성격

경험의 총체적 성격은 듀이의 이론에 근거해서 '독서 경험'을 설명하고자 했던 로젠블랫(Louise Rosenblatt)의 이론에서도 강조된다(Rosenblatt, 1978). 그녀는 경험의 주체와 객체 간의 유기적 상호관계를 설명하는 듀이의 이론에 근거하여, 독서를 경험의 한 형식이라고 보았다. 즉, 독서는 단순히 독자가 텍스트를 해석하는 행위가 아니라, 독자와 텍스트가 상호 작용하며 의미를 함께 구성해 가는 살아 있는 경험이다.

로젠블랫은 독자와 텍스트를 구분하는 이중적 관점을 거부하고, 독자와 텍스트의 유기적 상호관계를 '교류(transaction)'라는 현상으로 설명했다. 이에 따르면, 독서 경험은 '텍스트와 독자가 상호 교류하며 의미를 구성하는 과정에서 생성되는 독자의 경험'으로 이해할 수 있다. 다시 말해, 독자는 텍스트를 읽는 과정에서 자신의 감각과 사고, 정서를 동원하고, 텍스트는 독자의 반응을 통해 비로소 의미를 얻게 된다. 이러한 상호 교류 속에서 독자와 텍스트 각각은 수정되고 변화된다. 이러한 관점은 독서 경험에 대한 독자의 능동적인 역할과 성찰을 강조하는 것이다.

나아가, 로젠블랫은 어떤 독자가 성찰 과정에서 주의를 기울이기 위해 선택하는 것은 독자의 과거 경험과 심미적 감수성에 영향을 받을 수 있다고 보았다. 그녀는 이러한 독자의 선택을 자세(stance)라는 용어로 설명하면서, 독자 반응을 정보추출적인 것(efferent)과 심미적인 것(aesthetic)으로 구분했다(정옥년, 2007; Rosenblatt, 1994).

이에 따라 정보추출적인 자세로서의 '원심적인 독서'와 심미적인 자세로서의 '심미적인 독서'가 구분되는데, '원심적인 독서'는 신문이나 제품 설명서를 읽을 때처럼 정보의 획득이나 문제의 논리적 해석에 초점을 두는 읽기다. 이때 독자는 인지적 · 지시적 · 사실적 · 분석적 · 논리적 측면 같은 의미의 공적인 측면에 주의를 기울인다. 반면, '심미적 독서'는 소설이나 시, 희곡 등을 읽을 때처럼 독서 과정에서 관심의 초점을 자신 내부로 이동하여 개별적인 느낌, 생각, 태도 등의 정서적 반응을 일으키는 읽기다. 이때 독자는 감각적 · 정의적 · 정서적 · 질적인 측면 같은 사적인 측면에 더 많은 주의를 기울인다.

로젠블랫은 이 두 가지 방식의 읽기를 구분하긴 했지만, 이분법적으로 구분하는 관점을 거부했다. 어떠한 독서든 두 가지 방식의 양극 사이에 위치할 수 있으며, 어떤 텍스트라도 두 가지 방식으로 읽을 수 있다고 보았기 때문이다. 즉, 원심적 독서와 심미적 독서는 이분법적으로 구분되는 것이 아니라, 독자와 텍스트의 상호작용에서 하나의 연속체를 이루는 것(오윤주, 2018)으로, 총체적인 독서 경험으로서 독자에게 경험되는 것이다. 듀이가 '하나의 경험'으로서의 경험의 총체성을 강조한 바와 같이, 로젠블랫 또한 독서 경험을 이원적으로 분리되지 않는 총체적 과정으로 설명했다.

이러한 독서 경험의 총체적 성격은 여러 연구에서 확인되었다. 정옥년(2007)은 "독서 경험은 인지적 · 정의적 영역으로 이원화될 수 없는 총체적인 경험"이라고 하며, 독서 경험의 총체적 성격을 설명했다. 최인자(2006)는 '독서 경험'이라는 용어는 독서 활동에 작용하는 복합적인 요소를 포괄하는 용어로, 독서에 개입하는 사회적 요소와 개인적 요소, 그리고 개인의 사고, 정서, 동기 등이 모두 들어 있다고 했다. 볼링(Gitte Balling)은 독서 경험이 시간적 차원(독서 전, 독서 중, 독서 후)과 공간적 차원(독자, 텍스트, 맥락)으로 범주화될 수 있지만, 실제로 독자는 이러한 차원들을 분리된 상태로 인식하지 않고 총체적으로 경험한다는 점을 확인했다(Balling, 2016). 또 김효리와 정옥년(2022)은 '즐거움'에 초점을 맞춘 독서 경험 연구를 통해, 독서의 즐거움이 여러 유형으로 범주화될 수 있지만, 독자에게는 이러한 즐거움이 복합적으로 얽혀 하나의 '총체적 즐거움'으로 경험된다고 했다.

이처럼 여러 연구에서 파악할 수 있듯이, 독서 경험은 신체적 · 인지적 · 정의적 · 실천적 · 사회문화적 측면 등으로 나누어 설명될 수 있지만, 독자에게는 총체적으로 경험된다. 즉, 독서 경험은 다양한 측면에 따라 구분될 수는 있지만, 서로 분리되지는 않는다는 총체적 성격을 가진다. 이러한 독서 경험의 총체적 성격은 독서를 단순한 정보 습득 행위가 아니라, 듀이가 말한 '하나의 경험'으로서, 다양한 요소들이 조화롭게 통합된 총체적 경험으로 이해해야 함을 시사한다.

결국, 듀이가 말한 '하나의 경험'이 삶의 통합적 과정이었다면, 독서 경험 역시 그 과정의 한 형식으로서 인간의 성장과 삶의 질적 변화를 가능하게 한다. 이는 곧 독서가 삶과 긴밀히 연결되어 독자에게 질적인 변화를 일으키는 실존적 경험이 될 수 있음을 함의하는 것으로, 독서 경험의 총체성은 독자를 변화시키고 성장하게 하는 근원적 힘으로 작용한다.

참고문헌

권정선·김회용(2015). 듀이 철학에서 상상력의 교육적 의미. 《교육철학연구》, 37권 2호, 23~45.

김효리·정옥년(2022). 성인의 독서 경험 내러티브에 나타난 독서의 즐거움 유형 탐색. 《문화와융합》, 44권 9호, 867~884.

김효리(2024). 성인 독자의 독서 경험에 관한 현상학적 연구. 가톨릭대학교 대학원 박사학위 논문.

오윤주(2018). 심미적 문식성 신장을 위한 소설 교육 경험 연구. 서울대학교 대학원 박사학위 논문.

이돈희(1993). 『교육적 경험의 이해』. 교학사.

이희용(2015). 성장을 위한 경험 교육으로서의 독서교육에 관한 연구. 한양대학교 대학원 박사학위 논문.

정옥년(2007). 독서의 정의적 영역과 독자 발달. 《독서연구》, 17호,

139~180.

최인자(2006). 청소년 문학 경험의 질적 이해를 위한 독서 맥락의 탐구-학교에서의 다양한 문식적 클럽들을 중심으로. 《독서연구》, 16호, 163~197.

Balling, G.(2016). What is a reading experience? The Development of a Theoretical and Empirical Understanding. *Plotting the Reading Experience – Theory/Practice/Politics,* pp.37~53. Wilfrid Laurier University Press.

Dewey, J.(1934). *Art as Experience.* Minton, Balch & Company, New York. 박철홍 옮김(2016). 『경험으로서 예술』. 나남.

Rosenblatt, L. M.(1978). *The reader, the text, the poem : the transactional theory of the literary Work.* Southern Illinois University Press. 김혜리·엄해영 옮김(2008). 『독자, 텍스트, 시: 문학 작품의 상호 교통 이론』. 한국문화사.

Rosenblatt, L. M.(1994). The transactional theory of reading and writing. In R. B. Ruddell, M. R. Ruddell, & H. Singer (Eds.), *Theoretical models and processes of reading,* pp. 1057~1092. International Reading Association.

02

'독서 경험'의 교육적 가치

독자의 '독서 경험'은 독자의 삶에서 최고의 학습 자원이 되어 독자의 성장을 도울 수 있다. 이는 수스(1978)가 저서에서 "더 많이 읽을수록 더 많은 것을 알게 될 것이다. 더 많은 것을 배울수록 더 많은 곳에 가게 될 것이다"라고 말한 것과도 상통한다.

'독서 경험'의 교육적 가치를 말하다

'독서 경험은 어떤 교육적 가치가 있는가?'라는 질문은 독서 경험이 독자의 삶에서 유용한 경험이 되는가와 관련되어 있다. 독자에게 유용한 경험이란 독자의 발달과 성장에 그것이 어떻게 도움이 되는가의 측면을 강조하는 것이다(정옥년, 2017).

듀이(John Dewey)는 '경험'이 '성장'으로서의 교육적 의미를 갖는다는 견해를 대표하는 학자다(이희용, 2015). 그에 따르면, 인간은 환경과의 상호작용을 통해 다른 경험들과의 관계 속에서 자신의 경험을 계속 재구성하고 경험의 의미를 증폭해 가며 성장한다. 이처럼, 성장을 경험의 계속적인 재조직 또는 재구성이라고 정의한 듀이에 의하면, '경험'은 곧 성장의 개념을 설명하는 핵심 요소가 된다.

이러한 관점을 독서에 적용해 보면, 독서는 독자로 하여금 자신의 경험을 계속 재구성하게 하고, 경험의 의미를 증폭해 성장해 나가게 하는 경험의 한 형식이라고 볼 수 있다. 이는 의미 구성 행위를 통해서 자아는 점점 복잡하고 포괄적인 '정신 질서(order of mind)'를 개발할 수 있다는 키건(Robert Kegan)의 주장(Kegan, 1994)과도 맞닿아 있다. 즉, 독서 행위의 핵심을 '의미 구성'으로 보면, 독서를 통해서 독자는 자신의 경험을 계속 재구성하고 경험의 의미를 증폭함으로써 점점 복잡하고 포괄적인 정신 질서를 개발할 수 있게 된다. 이는 곧 독자의 '성장'을 의미하는 것이다. 이러한 맥락에서, 독서 경험은 지식의 전달을 넘어, 독자가 자신의 삶을 구성하고 확장하도록 이끄는 성장으로서의 경험이라고 할 수 있다.

정리하자면, 이 책에서 말하는 '독서 경험의 교육적 가치'란 독서 경험이 독자를 성장으로 이끌 때 실현되는 가치다. 다시 말해, 독서 경험을 통해 독자가 자신의 세계를 재구성하고 확장해 나간다면, 그 발달과 성장이 곧 독서 경험의 교육적 가치의 실현이라 할 수 있다.

독서 경험을 통한 '경험 학습'의 실현

'독서 경험은 어떤 교육적 가치를 지니는가?'라는 질문은 결국 독서 경험이 독자의 발달과 성장에 어떤 기여를 하는지를 묻는 것이다. 이는 독서를 학습의 관점에서 바라보게 한다.

듀이(Dewey, 1934)는 삶 속의 경험들이 조화를 이루어 하나의 완결된 상태에 이르렀을 때, 인간에게 질적인 변화가 일어나고 성장할 수 있다고 보았다. 이와 같은 듀이의 경험 이론은, 경험이 경험의 주체에게 학습의 자원으로 활용되어 성장으로 이끈다는 '경험 학습(experiential learning)' 이론의 기초가 되었다. '경험 학습'은 경험에 의한 학습, 혹은 경험을 통한 학습을 의미한다(김한별 외, 2010).

학습의 정의는 다양하지만, 그 본질에는 두 가지 과정이 수반된다. 첫째는 학습자와 사회적 · 문화적 · 물질적 환경 간에 이루어지는 '외적인 상호작용 과정'이고, 다른 하나는 이전에 학습했던 결과와 연결되는 정교화나 내면화라는 '내적인 심리 과정'이다. 이러한 관점에서 보면, 모든 독서는 일종의 학습 행위라고 할 수 있다. 독서는 특정한 독자와 특정한 텍스트가 특정한 시간과 장소에서 만나서 새롭게 의미를 구성하는 행위이기 때문이다(정옥년, 2010). 따라서 독서를 학습으로 간주한다면, 독서 경험은 경험 학습 이론의 틀 속에서 해석될 수 있으며, 독자가 독서를 통해 성장해 간다는 사실을 경험 학습 이론으로 설명할 수 있다.

'경험'과 '학습' 간의 관계를 설명한 여러 학자들(Jarvis, 2006; Tennant & Pogson, 1995; Kolb, 1984)은 학습자의 '경험'을 최고의 학습 자원으로 보았다. 이는 학습자가 자신의 경험을 학습 자원으로 활용하여 생애 전반에 걸쳐 지속적으로 학습하고 성장해 나갈 수 있음을 시사한다. 이러한 관점을 독서에 적용해 보면, 독자의 '독서 경험' 또한 독자의 삶에서 최고의 학습 자원이 되어 독자의 성장을 도울 수 있다. 이는 수스(Dr. Seuss)가 저서에서 "더 많이 읽을수록 더 많은 것을 알게 될 것이다. 더 많은 것을 배울수록 더 많은 곳에 가게 될 것이다"(Seuss, 1978)라고 말한 것과도 상통한다. 즉, 독서 경험은 독자에게 학습 자원으로 축적되어 더 넓은 세계로 나아가는 힘이 되는 것이다.

특히 성인기는 삶의 여러 전환기를 경험하는 시기다. 직업적 변화, 관계의 재구성, 노화와 건강 문제, 정체성의 재정립 등 새로운 과제가 끊임없이 제기된다. 이때 독자는 자신의 독서 경험을 학습 자원으로 활용함으로써, 이러한 전환기의 도전과 문제를 더 깊이 이해하고 적극 대응할 수 있다(정옥년, 2010). 이처럼, 독서 경험은 독자가 전 생애에 걸쳐서 학습을 통해 성장할 수 있게 하는 '학습의 자원'이 되어 독자를 끊임없는 성장으로 이끈다.

평생에 걸친 독자 발달

독서 경험의 효과 혹은 의미는 독자의 전체적인 독서 역량이 발달하면서 보다 분명하게 드러난다. 일반적으로 '발달'이라는 개념은 어떤 영역에서의 활동이나 능력이 점차 높은 수준으로 성장하거나 강화되는 과정을 뜻하는데, 우리가 태어날 때부터 독서를 할 수 있는 것이 아니라는 점에서 독서 역량은 발달적인 성격을 가지고 있다.

독서 역량은 독서의 목적을 포함해서 어떤 사회 맥락적 조건하에 있는 독자가 지식과 신념, 능력, 과정 들의 상호작용을 적절하게 조율하면서 유용한 의미를 구성하는 능력을 말한다(정옥년, 2017; Alexander, 2012). 독서 역량은 사람이 성장하면서 획득하게 되는 복잡한 것으로, 우리의 경험으로 인한 지식, 신념, 과정의 결과로서 지속적으로 발달한다.

간혹 독서 역량 발달 설명을 위해 독서 발달 단계를 설명할 때 발달하고 있는 것이 독자가 아니라 독서 기능이라는 오해를 불러일으킬 수 있다. 그러나 독서를 텍스트와 독자의 상호교류를 통한 의미 구성 과정이라고 봤을 때, 의미 구성을 하는 핵심적인 힘은 학습자에게서 나와야 한다. 이때 학습자에게는 통합하고, 조정하는 등의 인지적인 힘뿐만 아니라, 감정이나 동기와 같은 정의적인 영역의 힘도 필요하다. 즉, 의미 구성이 발달한다는 것은 학습자가 발달한다는 것과 같다. 이를 독서 행위에 적용한다면 독서에서 의미 구성이 발달한다는 것은 바로 독자가 발달하는 것과 같은 것이다(정옥년, 2017). 다시 말해, 독서 역량이 발달하는 것은 독자가 발달하는 것이며, 이는 곧 독자의 성장이다.

아동이든 성인이든, 독자는 독서를 할 때 세상과 텍스트, 그리고 자기 자신에 관한 지식을 활용하고 확장하게 된다. 이러한 의미 구성 과정에서 독서 역량은 지속적으로 발달하며, 독자는 생애 전반에 걸쳐 끊임없이 성장한다. 이러한 맥락에서 '평생 독자'라는 개념이 등장했다. '평생 독자는 지속적으로 성장하는 독자로, 생애 동안 지속적으로, 다양한 맥락에서, 다양한 목적을 가지고 독서를 하면서 계속 성장하고 있고, 또한 성장하려고 하는 사람'이다(정옥년, 2017). 이러한 정의는 독자 발달이 어느 한 시점에 완성되는 것이 아니라, 생애 전반에 걸쳐서 계속 이루어진다는 것을 함의한다.

이처럼 독자 발달은 제도권 교육을 벗어난 이후에도 계속 이루어지는 것이다. 그럼에도 그간의 독자 발달 연구들은 아동 초기부터 고등학생까지의 학령기 독자들에 주목했고, 그 이후의 독자 발달에 대해서는 관심이 없었다. 이것은 마치 고등학교나 대학을 졸업한 독자는 더 이상 발달할 필요가 없다는 인상을 주기도 한다. 그러나 오늘날과 같이 복잡하고 빠르게 변화하는 사회에서는 제도권 교육을 마치고 난 이후에 오히려 더 수준 높은 독서 역량이 요구되며, 이에 상응하는 독자 발달이 절실하다. 따라서 독자의 발달은 삶의 시기마다 자신을 새롭게 구성하고 확장해 가는 지속적 성장의 과정이다. 이런 점에서 독서 경험은 인간이 평생에 걸쳐 스스로를 교육하고 성숙하게 하는 가장 근원적인 학습의 장이라 할 수 있다.

참고문헌

김한별 외(2010). 『성인 경험학습의 이해』. 동문사.

김효리(2024). 성인 독자의 독서 경험에 관한 현상학적 연구. 가톨릭대학교 대학원 박사학위 논문.

이희용(2015). 성장을 위한 경험 교육으로서의 독서교육에 관한 연구. 한양대학교 대학원 박사학위 논문.

정옥년(2010). 평생 학습 시대의 독서 ; 평생학습자로서 독자의 발달. 《독서연구》, 23호, 71~105.

정옥년(2017). 평생 독자의 성장과 교육적 지원. 《독서연구》, 43호, 35~66.

Alexander, P. A., & The Disciplined Reading and Learning Research Laboratory(2012). Reading into the future: Competence for the 21st century. *Educational psychologist, 47(4)*, 259~280.

Dewey, J.(1934). *Art as Experience.* Minton, Balch & Company, New York. 박철홍 옮김(2016). 『경험으로서 예술』. 나남.

Jarvis, P.(2006). *Towards a comprehensive theory of human learning.* London: Routledge.

Kegan, R.(1994). *In over our heads: The mental demands of modern life.* Harvard University Press.

Kolb, D. A.(1984). *Experiential learning: Experience as the source of learning and development.* Englewood Cliffs, NJ: Prentice Hall.

Seuss, D.(1978). *I can read with my eyes shut.* New York(State): Beginner Books, a division of Random House.

Tennant, M., & Pogson, P.(1995). *Learning and Change in the Adult Years.* San Francisco: Jossey-Bass.

03

정체성 발달

독서 경험은 단순한 정보 습득을 넘어, 독자가 자기 발견 및 자기 이해로 나아가게 하는 실존적 경험이다. 이는 독자의 정체성 발달로 이어진다. 즉, 독자가 자신의 인생 이야기를 새롭게 구성하고 끊임없이 변화하며 성장하는 존재로 살아가도록 추동한다. 정체성 발달은 어느 시점에 완성되는 단일한 실체가 아니라, 생애 전반에 걸쳐 발달하는 것으로, 독서 경험은 이 여정의 중요한 자원이 된다.

책을 읽으면서 나에 대한 퍼즐을 하나씩 찾아서 맞춰 간다는 느낌이 들 때가 있어요. … '난 누구야?'라는 질문에 답을 해야 하는데, … 그런 과정에 가장 많은 도움을 줄 수 있는 게 책이라고 생각을 하고 있어요. … 책을 보는 행위는 겉으로 볼 땐 되게 고요해 보이잖아요? 그런데 속을 들여다보면 아주 바쁜 상태일 거예요. 물리적인 눈으로는 책 속의 텍스트를 보고 있지만, 머릿속의 눈으로는 '나'를 정신없이 읽고 있는 거거든요. – 30대, 남성, 작곡가

저는 늘 생각이 너무 많아서 힘들었어요. … 그런 시기에 『나는 왜 생각이 많을까』라는 책을 읽었어요. … '아, 내가 그래서 그랬었구나. 내가 이래서 지금도 이렇게 행동을 하는구나' 하면서 저 스스로를 이해하게 되더라고요. … 그러고 나니까 '이제 내가 나를 인정했으니까 앞으로는 이렇게 해 봐야겠다'라는 마음도 들더라고요. … '이제는 실행력 있게, 추진력 있게 살아 보자. 일단 해!'라는 마음이 생긴 거죠. – 30대, 여성, 연구원

실존주의에 관련된 책이랑 또 불교 쪽 책들을 읽으

면서 그동안 제 안에서 풀리지 않던 인생에 대한 의문들이 조금 해결이 된 느낌이 들었어요. 더 깊이 그 분야를 파고들어서 공부하고 싶었어요. … 고등학교 2학년 때 이 전공을 하겠다고 마음을 먹었고, 실제로 불교학과에 진학하게 됐죠. — 40대, 남성, 교수

책을 읽으면서 '나다움'을 발견한 날들이 있어요. … 제가 글쓰기에 재능이 있다는 것을 알게 된 것도, 책을 읽다가 알게 된 것이었는데, … 그 재능을 발견하고 오랜 시간 갈고 닦아서 저는 시인이 되기도 했고, 글을 쓰는 일을 업으로 삼아서 살아오기도 했네요. — 60대, 여성, 시인

책을 보는 날들이 쌓여 가면서, 제가 정말 원하는 삶이 어떤 삶인지 차차 알게 되었죠. … 책은 저에게 '뭔가를 할 때 다른 무엇보다도 나 자신이 이유가 되어야 한다는 것'을 알려 줬어요. … 이것 자체로 저는 제가 추구하는 인간상에 조금씩 가까워지며 살았다고 생각을 해요. — 70대, 남성, 잡지 편집국장

이들의 생생한 목소리로 전해지는 독서 경험 이야기는 독서 경험이 어떻게 '정체성 발달'에 기여하는지를 보여 준다. 이들은 생애 전반에 걸쳐서 책과 긴밀히 호흡하며 자신의 정체성을 꾸준히 발달시키고 심화시켜 왔다. 이들에게 독서 경험은 스스로를 발견하고 이해하는 거울이자, 새로운 가능성을 모색하며 자신만의 이야기를 써 내려가게 하는 힘이었다.

독서 경험을 통한 자기 발견 및 자기 이해

독서는 단순한 정보 습득 행위를 넘어서, 독자가 자신의 내면을 들여다보고 존재에 대해 성찰하게 만드는 실존적 경험이다. 독자는 독서를 통해 자신의 감정, 사고, 취향, 가치관, 신념, 정체성 등을 발견하게 되며, 이는 깊은 자기 이해로 이어진다.

분석심리학의 관점에서 '자아(ego)'와 '자기(self)'는 구분되는 개념이다. '자아'가 의식의 영역에서 작동하는 부분이라면, '자기'는 의식과 무의식을 아우르는 보다 포괄적인 통합체로 이해된다. 즉, 자기는 인간 내면의 의식과 무의식, 그림자와 자아를 통합하여 그 균형 속에서 온전한 자아를 유지하고자 한다.

이러한 관점에서, '독서를 통한 자기 발견과 이해'는 외부의 이상적 기준이나 타인의 모델을 그대로 따르는 것이 아니라, 내면의 중심으로서의 '자기'를 인식하고 조화를 이루는 과정이라 할 수 있다. 이는 결국 '있는 그대로의 자기'를 받아들이며 내적 균형을 회복해 가는 과정으로 이해될 수 있다(최인자, 2016).

주목할 점은, 독서를 통한 자기 발견 및 자기 이해 경험이 20대부터 80대에 이르는 다양한 연령대의 독자들에게서 공통으로 나타났다는 사실이다. 이는 '자기 발견 및 자기 이해' 과정이 어떤 특정한 시점에 완성되는 것이 아니라, 생애 전반에 걸쳐서 지속적으로 이루어질 수 있음을 보여 준다. 동시에, '독서'가 그러한 자기 이해의 여정을 추동하는 핵심 매개로 작용함을 시사한다.

분석심리학에 따르면, '자기 이해'의 핵심은 무의식을 의식화하고, 자신의 본성을 수용하여 내적 조화를 이루는 데 있다. 자신의 무의식(그림자)을 알지 못하는 사람은, 자각되지 못한 자신의 결점 때문에 남을 공격하고 비난하며, 불안과 좌절 속에서 지내게 된다. 반면, '자기 이해'가 된 사람은 자신의 동물적 본성과 조화를 이루며 충만하고 활기찬 삶을 살아갈 수 있다(최인자, 2016).

이러한 맥락에서, 생애 전반에 걸쳐 독서를 통해 자기를 발견하고 이해하는 경험은 단순한 지적 활동을 넘어, 인간 내면의 성장과 변화를 이끄는 본질적인 과정이라 할 수 있다. 독서는 타인의 이야기를 통해 자신의 내면을 비추어 보고, 다양한 인물과 상황 속에서 자신 안의 무의식을 마주하게 하는 거울이 된다. 때로는 불편하고 낯선 감정이 올라오기도 하지만, 그 순간이 바로 자기 이해의 출발점이 되기도 한다. 책 속에서 만나는 인물의 선택이나 감정, 갈등의 과정을 통해 독자는 자신의 욕망과 두려움, 그림자와 마주하며 그것을 새로운 시선으로 바라볼 수 있다.

이처럼 독서를 통한 자기 발견 및 자기 이해는 내면의 다양한 목소리를 인식하고, 그것들 간의 균형과 조화를 이루어 가는 과정이다. 독서는 독자에게 자신을 탐색할 언어를 제공하며, 분열된 자아를 통합할 통로를 열어 준다. 결국, 독자는 독서 경험을 통해 자신이 어떤 존재로 살아가고 있는지, 그리고 앞으로 어떤 방향으로 나아가고자 하는지를 성찰하게 된다. 이러한 점에서 독서는 자기 인식의 깊이를 확장하고, 더욱 충만하고 활력 있는 삶으로 이끄는 내적 여정이라 할 수 있다. 즉, 독서를 통한 자기 발견 및 자기 이해는 자신이 누구인지 알아 가는 과정이자, 그 깨달음을 토대로 자신의 정체성을 발달시켜 나가는 출발점이 된다.

독서 경험을 통한 정체성 발달

독서를 통해 자기를 발견하고, 이해하게 되는 경험은 궁극적으로 '정체성 발달'로 이어질 수 있다. 철학적 관점에서 정체성이란 인간을 다른 존재와 구별 짓는 고유한 속성으로 이해되지만, 매캐덤스(Dan McAdams)는 보다 서사적 관점에서 이를 설명한다(McAdams, 1988). 그는 정체성 형성을 어떤 연속성과 목적을 제공하는 인생의 이야기에 도달하는 문제로 보고 있다. 그리고 인생의 이야기가 계속 진행되면서, 성인기에도 정체성 형성이 계속된다고 했다(정옥년, 2010; McAdams, 1988). 즉, 개인의 정체성이란 고정된 속성이 아니라, 시간이 흐르면서 지속적으로 서사를 덧붙여 가는 '인생 이야기의 발달'로 본 것이다.

독서는 타인의 이야기를 읽는 행위이지만, 동시에 자신의 이야기를 다시 쓰는 행위이기도 하다. 타인의 서사를 통해 독자는 자신의 인생 서사를 확장하고, 그 속에서 새로운 정체성의 가능성을 발견한다. 이러한 관점에서, 독서 경험을 통해 인생의 이야기를 풍부하게 확장해 나가는 경험은 곧 '독서 경험을 통한 정체성 발달'이라고 할 수 있을 것이다.

예를 들어, 어떤 독자는 책을 읽는 과정에서 '나도 글을 쓰는 작가가 되고 싶다'라는 꿈을 꾸게 된다. 이는 그의 인생 이야기에 새로운 서사가 시작된 것이라고 볼 수 있다. 다시 말해, '나는 어떤 사람이 되고 싶은가? 나는 어떤 일을 하며 살고 싶은가?'에 대한 인생의 이야기가 발달한 것이다.

또 어떤 독자는 독서를 통해 그동안 수용하기 어려웠던 자신의 모습을 있는 그대로 인정하게 되는 경험을 할 수 있다. 이는 위로와 자기 수용의 경험이며, 동시에 삶의 방향이 바뀌는 전환점의 경험이기도 하다. 새로운 마음가짐을 얻게 된 독자는 이전과는 다른 방식으로 삶의 이야기를 써 내려가기 시작할 것이다. 이는 곧 독서 경험을 통한 인생 이야기의 발달, 즉 독서 경험을 통한 정체성 발달이라고 할 수 있다.

또 다른 독자는 독서 과정에서 자신의 숨겨진 재능을 발견하고, 이를 발전시켜 직업적인 전환을 이루게 되기도 한다. 이처럼 독서가 자기 탐색의 도구가 되어, 삶의 중요한 결정을 이끄는 계기로 작용하는 경우도 많다. 독서의 과정에서 새로운 진로를 선택하거나, 가치관의 전환을 경험하는 등의 변화는 모두 독서 경험이 독자의 정체성 발달에 영향을 미친 것으로, 독서 경험을 통한 인생 이야기의 발달이라고 볼 수 있다.

이렇듯 독서는 단순한 지식 습득을 넘어서, 삶의 서사

를 형성하고 전환하는 매개가 되며, 그 과정을 통해 독자는 자신의 존재를 새롭게 정의해 나간다. 결국, 독서는 전 생애에 걸쳐 개인의 정체성 발달을 지속적으로 이끄는 강력한 에너지원이라 할 수 있다.

평생에 걸친 정체성 발달

이처럼, 독자들은 독서를 통해 자신의 인생 이야기를 계속해서 구성해 나간다. 즉, 정체성 발달은 한 시점에서 완성되는 단일한 실체가 아니라, 전 생애에 걸쳐서 지속적으로 이루어진다.

한편, 시간이 갈수록 인생의 이야기는 복잡해진다. 이야기에 들어가는 내용이 많아지고, 복잡한 감정들이 얽힐 수 있기 때문이다(정옥년, 2010). 따라서 성인기의 독서는 텍스트와의 상호교류를 통해 더욱 복잡하고 풍요로운 인생의 이야기를 구성해 감에 따라 끊임없는 정체성 발달로 이어진다.

끊임없는 정체성 발달은 곧 끊임없는 변화와 성장이다. 성인기의 독서가 중요한 이유가 여기에 있다. 성인기의 독서는 독자로 하여금 어느 한 시점에 정체된 존재로서가 아니라, 끊임없이 정체성을 발달시켜 나가는 과정에서 변화하고 성장하는 존재로 살아갈 수 있게 해 준다. 이로 인해,

독자로서 살아가는 한 개인은 생애 전반에 걸쳐 지속적으로 변화하고 성장하는 삶을 영위하게 된다.

이러한 정체성의 유연한 발달은 개인을 넘어서 사회적으로도 중요한 의미를 지닌다. 한숭희(2010)는 "사람은 나이가 들수록 환경을 재구성해 가야 한다. 성장하지 않고 굳어져 버린 경험을 소유한 사람은 사회적으로 적응할 수 없게 되거나 스스로의 삶을 자폐적 구조 안에 가두어 버린 불행한 사람이 된다"라고 했다. 다시 말해, 변화하지 못한 개인은 사회 변화에 적응하지 못하고, 결국 고립되거나 사회로부터 멀어질 수 있다. 이러한 현상이 개인을 넘어 사회 전반으로 확산될 경우, 사회는 적응하지 못하는 인구의 증가와 인적 자원의 상실이라는 심각한 문제에 직면하게 된다. 이는 곧 우리 사회가 성인 독자의 양성과 독서 문화의 진흥에 관심을 기울여야 하는 이유가 된다.

독서는 한 개인이 사회의 변화에 능동적으로 적응하고, 새로운 요구에 부응하며 지속적으로 성장할 수 있도록 하는 강력한 가능성을 품고 있다. 따라서, 우리 사회가 독서의 이러한 잠재적 가능성을 잘 활용한다면, 평생에 걸쳐 변화와 성장을 이어 가며 새로운 사회 환경에 유연하게 대응하는 시민들이 점차 늘어날 것이다. 시대의 변화에 능동적으로 적응하고, 지속적으로 성장하는 개인이 늘어날수록,

우리 사회는 더욱 안정적이고 풍요로운 공동체로 나아갈 수 있을 것이다. 이러한 점에서, 평생에 걸친 정체성 발달은 개인의 과제이자 사회의 교육적 책임이다. 독서 경험은 그 책임을 실천할 수 있는 가장 일상적이고도 깊은 교육의 장이 될 것이다.

참고문헌

김효리(2024). 성인 독자의 독서 경험에 관한 현상학적 연구. 가톨릭대학교 대학원 박사학위논문.

정옥년(2010). 평생 학습 시대의 독서 ; 평생학습자로서 독자의 발달. 《독서연구》, 23호, 71~105.

최인자(2016). 인성교육을 위한 '자기이해와 수용'의 문학 독서: 박경리 소설 '토지'를 중심으로. 《독서연구》, 41호, 93~118.

한숭희(2010). 『평생학습사회연구』. 교육과학사.

McAdams, D. P.(1988). *Power, Intimacy, and the life Story: Personological Inquiries into Identity*. New York: Guilford.

04

전문성 개발

직업인의 전문성은 고정된 능력이 아니라, 시대 변화에 따라 끊임없이 갱신되고 확장되어야 하는 살아 있는 역량이다. 빠르게 변화하는 환경 속에서 전문성은 지속적인 학습과 사유의 확장을 통해 성장한다. 이때 독서 경험은 직업 세계에서의 생존력과 자기 확장의 동력으로 작용하여, 직업인의 사고를 넓히고 세계를 이해하는 방식을 변화시키는 핵심 자원이 된다.

저는 더 깊이 있는 지식, 체계가 있는 지식을 원해요. … 아마도 저처럼 교양 수준의 정보가 아니라, 더 깊이 있는 지식을 찾는 사람들은 영상보다는 책을 찾을 거예요. … 특히 일과 관련해서 전문적인 지식을 원할 때 제가 원하는 정보들은 유튜브에는 없어요. 책에 있죠. — 30대, 여성, 연구원

작사 작곡 등 예술 활동을 하는 것에 있어서 특히 많은 영감을 받죠. 책에서 받는 아주 다양한 자극들이 창작 욕구에 불을 지피거든요. … 책의 어떤 부분들이 내 삶과 어떤 새로운 방식으로 연결이 될 때 그때 스파크가 튀어요. 그럴 때 느껴지는 희열감은… 장난이 아니죠. — 30대, 남성, 작곡가

나와 책의 만남은 또 다른 책을 탄생시킬 수 있죠. 그러면서 제 직업이 유지되는 것 아니겠어요? (웃음) 책이라는 것은 어쨌든 과거의 지식이나 해석이잖아요. 그것을 자기가 가지고 있는 것과 엮어서 새로운 의미를 창출하게 되는 거죠. — 40대, 남성, 교수

독서 습관과 독서 능력은 직업 능력이랑 직결이 되

죠. … 이쪽 일을 하는 사람들은 책을 … 그대로 수용하고 암기하려고 하지 않고, 책이라는 도구를 사고 활동에 활용하고, 검증 활동에 활용하고… 이렇게 활용하는 것에 더 초점이 있을 거예요. 책을 도구로 잘 활용하기 위해서는 평소의 독서 습관과 독서 능력은 기본적으로 갖춰져 있어야겠죠. — 40대, 남성, 교수

그동안 다양한 직업을 가지며 살아왔어요. … 어떤 직업을 갖고 일을 하든, 책은 그 직업적 전문 영역에 어떤 식으로든 도움이 되었어요. … 책에서 끝도 없이 많은 배움이 이루어지고 있어요. 어떤 직업을 가지고, 어떤 일을 하든 책은 어떤 식으로든 그 시절의 삶에 도움이 되었죠. — 60대, 여성, 시인

기자 일을 할 때는 자료 취합을 위해 많은 책을 읽었고, 시인 활동을 할 때는 시집을 많이 읽으면서 시인들이 사물과 사건을 어떤 관점으로 바라보고 어떤 방식으로 표현하는지를 참고하는 경우가 많았죠. … 지금은 제가 잡지 편집장으로 있는데 많은 글을 읽고, 또 읽고, 쓰고 또 쓰는 게 제 일이죠. … 제가 읽

는 모든 것들이 제 일에 도움이 될 잠재적 가치를 가지고 있다고 생각해요. — 70대, 남성, 잡지 편집국장

이들의 생생한 목소리로 전해지는 독서 경험 이야기는 독서 경험이 어떻게 '전문성 개발 및 확장'과 연결되는지를 보여 준다. 이들은 각기 다른 전문 영역에서 일하고 있었지만, 책을 통해 지식과 통찰을 얻으며 자기 분야를 계발하고 확장해 나가고 있었다. 이들에게 독서 경험은 전문적 역량을 견고하게 다지는 동시에, 새로운 가능성을 탐색하고 확장하는 원동력이 되었다.

전문 영역 개발 및 강화

직업인은 끊임없이 변화하는 사회와 시장의 요구에 능동적으로 대응하기 위해 지속적인 전문성의 개발과 갱신이 필요하다. 특히 현대 사회는 지식의 수명이 갈수록 짧아지고, 직업 환경이 빠르게 변화하고 있어, 특정 시점에 습득한 기술이나 지식만으로는 직무 수행에 충분하지 않다. 이러한 상황에서, '독서'는 직업인의 지속 가능한 성장을 가능하게 하는 핵심 자원으로 작용한다.

전문성을 개발하기 위한 독서는 단순한 정보를 습득하

는 차원을 넘어선다. 독자들은 자신의 전문 분야에 관련된 책을 통해 최신 이론, 실제 사례, 기술 동향 등을 익히고 이를 자신의 업무에 반영함으로써 직무 수행의 질을 높일 수 있다. 그뿐만 아니라, 독서는 직업인으로 하여금 스스로 필요한 지식과 관점을 탐색하고 적용하는 자기 주도성과 전문적 판단의 자율성을 심화하는 데에도 기여한다. 또 독서를 통해 축적한 지식은 단편적인 정보에 그치지 않고, 서로 연결되고 통합된 체계적 지식으로 발전해 실무에서의 적용력 또한 높아질 수 있다.

전문 서적뿐만 아니라 에세이나 자서전, 대중 교양서와 같은 다양한 장르의 책도 직업인의 성장을 자극하는 중요한 매개가 된다. 예를 들어, 동일 분야에서 활동하는 전문가들의 경험을 담은 에세이는 이론으로 설명되지 않는 실제 상황의 맥락과 해결 전략, 감정과 태도에 이르기까지 현실적인 통찰을 제공한다. 독자는 이러한 책을 읽으며 타인의 실패와 성공, 갈등과 전환의 경험을 간접적으로 체험함으로써, 자신의 직업적 과제에 대한 깊은 이해와 전략적 사고를 기를 수 있다.

더 나아가, 책은 직업인에게 창의적 영감을 제공하는 자원이 되기도 한다. 특히 창작, 예술, 교육, 콘텐츠 기획과 같이 상상력과 기획력이 요구되는 직업군의 경우, 독서는 감정의 폭을 넓히고 사유의 깊이를 확장해 창의적 사고를 촉진한다. 이는 새로운 아이디어나 프로젝트의 출발점이 되며, 결과적으로 전문 영역의 확장과 성장으로 이어진다.

이처럼 독서는 직업인의 전문성을 강화하는 데 가장 안정적이며 깊이 있는 학습의 통로다. 직무와 관련된 단순한 정보뿐 아니라, 타인의 경험과 감정, 다양한 분야의 관점과 통찰을 아우르는 책 읽기는 직업 세계의 실천력과 창조성을 함께 키워 주는 복합적 자원이라 할 수 있다. 따라서 직업인으로서의 독서는 더 나은 실천을 위한 준비이자, 일과 삶의 질을 함께 향상하는 성장의 기반이 된다.

직무 독서의 필요성

독서가 직업적 전문성을 강화하는 방식은 다양하다. 어떤 독자들은 휴식이나 여가를 위해 책을 읽는 과정에서, 예상치 못한 방식으로 자신의 직업에 도움이 되는 아이디어나 영감을 얻게 되기도 한다. 예를 들어, 한 작곡가가 휴양지에서 휴식을 취하며 읽던 책에서 새로운 작곡 아이디어를 얻어 곡을 완성한 사례가 그러하다. 이처럼 독서의 초기 목적이 직무와 무관하더라도, 그 결과가 직업적 성장으로 이어질 수 있다.

반면, 처음부터 자신의 직업적 전문성을 개발하고 강화

하기 위한 목적으로 책을 읽는 독자들도 있다. 이들은 독서 활동을 통해 실제적인 지식과 통찰을 얻고, 이를 직무에 적용함으로써 뚜렷한 성과를 만들어 낸다. 이러한 독자는 이형래(2006)가 정의한 '직무 독자'로 설명할 수 있다. 그는 이 개념을 '직장 독자'나 '직업 독자'와 유사한 의미로 사용하면서도, 특히 직무 수행에 필요한 독자의 자질과 역량을 강조하기 위해 '직무 독자'라는 용어를 사용하였다고 설명한다.

직무 독서는 때로는 '먹고 살기 위한 독서'의 성격을 가지며, 이는 곧 생계와 직결된 독서임을 뜻한다. 따라서 이러한 독서는 오롯이 즐거움이나 취미로서의 독서와는 구별된다. 실제로 일부 직업인 독자들은 "직무와 관련된 전문 서적을 읽을 때는 뇌의 에너지가 크게 소모되어, 직무와 관련되지 않고 쉽게 읽히는 책을 선호하게 된다"라고 말하기도 한다. 그러나, 그럼에도 많은 직업인이 직무 독서를 지속하는 이유는, 그것이 직무 수행 능력을 향상하고, 직업적 전문성을 심화하는 데 효과적인 수단이 되기 때문이다.

이형래(2006)는 일하는 사람에게 독서는 가장 중요한 학습 도구 중 하나라고 강조한다. 일상적인 업무 수행에서 다양한 문서를 읽고 이해하는 일은 기본이 되고, 업무와 관련된 정보를 수집하거나 새로운 아이디어를 도출하는 데에도 독서는 필수적이다. 업무 매뉴얼, 회의록, 민원 문서, 전문 서적, 전자 자료 등 직무 수행과 관련된 거의 모든 문서가 독서의 대상이 되는 것이다. 이처럼, 독서는 직업인에게 새로운 정보와 관점을 접할 수 있는 효율적인 수단이며, 이를 통해 업무 방식의 개선, 문제 해결력 향상, 실무 능력의 체계적 향상을 이끌 수 있다.

따라서 직업인이 독서를 통해 자신의 전문성을 계발하고 강화하는 것은 단순히 개인의 직무 역량을 높이는 차원을 넘어, 직업 세계에서의 생존력과 지속 가능한 성장을 가능하게 한다. 이는 국가적으로도 중요한 의미를 지닌다. 전문성을 갖춘 직업인이 많을수록 사회 전체의 인적 자원이 수준이 높아지고, 이는 곧 국가 경쟁력의 기반이 되기 때문이다.

이러한 맥락에서 성인 독자들이 직무 독서의 필요성을 인식하고, 각자의 전문 영역을 지속적으로 심화할 수 있도록 지원하는 것은 국가적으로도 중요한 과제가 된다. 전문성을 갖춘 직업인이 많을수록 사회 전체의 지식 자본과 문화적 역량이 높아지고, 이는 곧 사회의 지속 가능한 발전을 가능하게 한다. 따라서 독서를 통해 전문적 자질을 함양하고 자기 주도적인 직무 역량을 키울 수 있도록 지원하는 일은, 개인의 성장뿐 아니라 사회의 발전을 함께 이끄는 길이 될 것이다.

시대 변화에 따른 유연한 확장

현대 사회는 빠른 기술 변화와 다양한 사회적 요구 속에서 끊임없이 변화하고 있다. 이러한 시대적 흐름 속에서 직업인의 역할 역시 고정된 형태를 유지하기보다, 유연하고 확장 가능한 방향으로 재구성될 필요가 있다. 이때 독서 경험은 이러한 변화에 능동적으로 대응할 수 있는 중요한 자원이 된다.

독자는 자신의 전문 분야에만 국한되지 않고, 인접 영역 혹은 전혀 다른 분야의 책을 탐색하면서 사고의 지평을 넓히고 전문성을 확장해 나갈 수 있다. 이러한 독서 경험은 기존의 지식에 새로운 관점을 융합하는 힘을 길러 주며, 직업인으로서의 유연성과 창의성을 강화하는 데 기여한다. 즉, 독서는 고정된 직무 역량을 넘어서 변화에 적응하고 확장해 나갈 수 있는 사고 기반을 마련해 주는 중요한 자원이 되는 것이다.

특히 오늘날과 같이 융합과 통섭의 시대에는 한 가지 전문성만으로는 복합적인 문제 상황을 해결하기 어렵다. 직업인은 자신이 속한 영역에 머무르지 않고, 다양한 분야에 대한 통찰을 바탕으로 문제를 새롭게 정의하고, 창의적인 해결 방안을 제시할 수 있어야 한다. 이러한 역량은 다방면에 걸친 독서를 통해 길러질 수 있으며, 이는 곧 직업적 정체성의 경계를 넘나들며 확장해 나가는 실천으로 이어진다.

특히, 독서 경험은 개인의 현재 관심사나 시대적 과제와 맞물려 유동적으로 확장되는 경향을 지닌다. 예를 들어, 한 직업인이 고령화 사회에 대해 관심을 갖게 되면서 뇌 건강이나 노화 관련 서적을 탐독하게 되고, 이를 자신의 직업 활동에 연결할 수 있다. 이는 독서가 단순한 '이해' 차원을 넘어 '실천'과 '전환'의 차원으로 이어지는 경험임을 보여 준다.

결국, 독서 경험은 직업인의 전문 영역을 공고히 다지는 동시에, 변화하는 시대에 능동적으로 적응하고 새로운 가능성을 열어 가는 유연한 확장의 계기가 된다. 이러한 관점에서 독서는 직업인이 고정된 전문성에 안주하지 않고, 지속적인 변화와 확장으로 나아가도록 돕는 핵심 동력이라 할 수 있다.

AI 시대, 인간 전문성의 차별화

오늘날의 직업 세계는 인공지능(AI)의 빠른 발전과 함께

전례 없이 빠르게 재편되고 있다. 인공지능이 방대한 데이터를 효율적으로 처리하고, 알고리즘이 업무의 상당 부분을 자동화하는 상황에서 직업인의 전문성은 단순한 지식 습득에 머물러서는 안 된다. 오히려 인간 고유의 맥락적 이해, 비판적 사고, 윤리적 판단이 더욱 중요한 가치로 부상하고 있다.

이러한 역량을 길러 주는 핵심 자원이 바로 '독서 경험'이다. AI가 신속한 정보 제공을 담당할 수는 있으나, 그 의미를 사회적 · 역사적 맥락 속에서 성찰하고, 인지와 감정을 통합하여 새로운 시각을 창출하는 것은 인간의 몫이다. 독자는 독서 경험을 통해 기계가 대체하기 어려운 창의적 사고와 해석 능력을 키우고, 이를 바탕으로 급변하는 환경 속에서도 자기 전문성을 차별화할 수 있다.

특히, 다양한 장르의 독서는 전문 분야 내부의 지식을 넘어서는 융합적 사고를 촉진한다. 이는 지식과 직업 구조가 빠르게 변하는 시대에 필수적인 역량이다. 인문학적 성찰, 예술적 감수성, 사회적 책임 의식을 담은 독서는 직업인을 단순한 기능 수행자가 아닌, 새로운 시대를 이끄는 주체적 전문가로 성장시키는 발판이 될 것이다.

앞으로 도래할 AI 시대는 인간과 기계의 협업 방식에 근본적인 변화를 가져올 것으로 전망된다. 인공지능이 단순 업무를 넘어 창의적 과제와 복합적 문제 해결까지 수행할 수 있게 될 때, 인간 전문성의 의미는 지금과는 다른 차원으로 확장될 것이다. 따라서 현재의 독서는 오늘날 요구되는 전문성 강화를 넘어, 미래의 초지능 사회를 대비하는 선제적 학습과 성찰의 과정으로 이해될 필요가 있다.

결국, AI 시대의 독서는 단순히 직무 수행을 위한 수단이 아니라, 변화의 시대 속에서도 인간 전문성을 지속적으로 재정의하게 하는 가장 깊은 배움의 행위이며, 인간 전문성을 증명하고 확장하는 전략적 행위라 할 수 있다. 이러한 맥락에서, 독서는 직업인이 기계와 공존하는 과정에서 자기만의 영역을 굳건히 세우는 길이며, 동시에 사회 전체가 추구해야 할 미래 전문성의 지향점을 제시하는 나침반이 될 것이다.

참고문헌

김효리(2024). 성인 독자의 독서 경험에 관한 현상학적 연구. 가톨릭대학교 대학원 박사학위 논문.

이형래(2006). 직무독자에 대한 탐구. 《독서연구》, 16호, 199~248.

05

정서적 지지

독서 경험은 독자에게 정서적 지지를 제공하여 회복 탄력성을 키우는 힘이 된다. 독자는 책을 통해 미래의 고난을 예습하고, 진심 어린 위로와 위안을 얻으며, 살아갈 힘과 용기를 회복하고, 일상에서 심리적 휴식을 경험한다. 이러한 독서 경험은 고통을 견디고 삶을 다시 일으켜 세우는 내면의 자원이 되며, 독자가 위기를 이겨 내고 성장할 수 있도록 돕는다.

"당연한 거 아니야?", "너만 힘든 게 아니고 다 힘들다", "별것도 아닌 거로 징징대네" 이런 반응이 일반화된 사회에서, 저자는 '당연하지 않고,' '별것이 맞다'라는 입장을 고수해요. … 수시로 '내가 예민한가?' 되묻게 만드는 사회에서, '당신이 예민한 건 맞지만, 그렇다고 해서 틀린 건 아니다'라는 메시지를 주는 책을 보며 위로가 되었죠. — 20대, 여성, 회사원

어떻게 보면. 제 인생에서 처음 마주한 탈선이었어요. 그때 저는 사실 불안했었어요. … 저의 선택이 틀린 선택이 아니었다는 것을 말해 주는 책들을 읽으면서 결과적으로는, 제 인생의 틀을 다시 구축했어요. … 현실에서 마주한 불안감을 책을 읽으면서 완화할 수 있었어요. — 30대, 남성, 작곡가

현실을 외면하고, 순간 도피를 하고 싶을 때 책을 읽는 거예요. 그러고 나면 좀 마음이 진정이 되니까, 다시 현실을 살아갈 힘이 생기는 것 같아요. 책을 덮으면 어김없이 현실로 소환이 되죠. … 이것만큼 안전한 도피가 있을까요? — 30대, 여성, 연구원

책은 인간의 삶을 반영하잖아요. 그렇기 때문에, 책을 읽으면서 '그럴 수도 있지. 나한테만 일어나는 일이 아니야. 누구에게라도 언제든 보편적으로 일어날 수 있는 일이야'라는 생각을 자연스레 가지게 될 수 있죠. … '내 삶에 절망이 찾아와도 알고 당하니까 괜찮을 거야'라는 마음도 들고요. — 40대, 남성, 교수

『장미의 이름』 서문에 이런 문장이 나와요. '내가 이 세상의 도처에서 쉴 곳을 찾아보았으되 마침내 찾아낸 곳은 책이 있는 구석방보다 나은 곳은 없더라' … 나와 같은 생각을 하는 사람을 만난 거죠. '내가 돌연변이가 아니었구나'라는 생각이 들면서 위로가 되더라고요. 눈물이 날 정도로 충격이 동반된 위로였어요. 홀로 마음에 품고 지냈던 어떤 아픔이 스르르 한순간에 녹아내린 느낌이 들었어요. — 70대, 남성, 잡지 편집국장

제 인생에 책이 없다고 하면, 깜깜하죠. 못 살죠. … 40대 중반에, 혼자가 되고, 아이들을 혼자 키워야 했어요. … 생존에 매달려야 했던 그 시절에 버스 타고,

> 지하철 타고 다니면서 조그마한 수필집을 주머니에 넣고 다니면서 읽었어요. … 제가 힘든 와중에도 단단하게 살아갈 수 있는 힘을 책에서 얻었거든요. 그 힘으로 지금도 잘 살아가고 있고요. – 80대, 여성, 주부

이들의 생생한 목소리로 전해지는 독서 경험 이야기는 독서 경험이 어떻게 '정서적 지지'에 기여하는지를 보여 준다. 이들은 삶의 어려움과 상처 속에서도 책을 통해 위로와 용기를 얻으며 앞으로 나아갔다. 이들에게 독서 경험은 마음을 지탱해 주는 힘이 되었고, 다시 일어설 수 있는 회복의 자원이 되었다.

정서적 지지를 통한 회복 탄력성 증진

독자는 독서를 통해 정서적 지지를 얻는 경험을 한다. 독서로부터의 정서적 지지는 부정적인 상황을 극복하고 심리적 안정을 회복하게 하며, 결과적으로 독자의 회복 탄력성을 강화하는 요인으로 작용한다.

'회복 탄력성(Resilience)'은 인생의 고통과 좌절, 역경을 이겨 내는 인간의 내적 능력으로, '정신적 저항력'을 의미한다(홍은숙, 2006). 독자들은 독서를 통해 다양한 방식

으로 정서적 지지를 경험하고, 이를 바탕으로 회복 탄력성을 키워 나가는 것이다.

이때 독자가 경험하는 정서적 지지는 크게 네 가지 양상으로 구분할 수 있다. 첫째, 미래의 고난을 미리 예습함으로써 얻는 정서적 지지. 둘째, 위로와 위안을 받음으로써 얻는 정서적 지지. 셋째, 살아갈 힘과 용기를 얻는 정서적 지지. 넷째, 일상에서 휴식을 취함으로써 얻는 정서적 지지다.

미래의 고난을 예습하는 것을 통한 정서적 지지

독서는 미래의 고난과 역경을 간접적으로 경험하고 대비하게 해 주는 심리적 예습의 장이 된다. 독자들은 책 속 인물의 삶과 상황을 따라가며, 자신에게 아직 닥치지 않은 고통과 상실, 절망을 미리 만나 본다. 이러한 독서 경험은 고난의 실체를 보다 명확히 인식하게 하고, 미래의 고통을 미리 받아들이게 하여 심리적 완충 장치를 마련해 준다.

예를 들어, 부모의 죽음이나 중년의 위기, 노년기의 고독과 질병과 같은 주제를 다룬 책을 읽는 독자는, 아직 직접 경험하지 않은 삶의 고통을 간접적으로 체험함으로써, 실제 상황에서 겪을 충격을 완화하고, 보다 안정적으로 대응할 수 있는 내면의 힘을 갖게 된다. 이는 곧, 예고 없이

다가오는 삶의 고난에 대해 '예방 주사'를 맞는 것과 같은 효과를 지닌다.

또 독서는 앞으로 마주하게 될 고난이나 역경이 특정 개인에게만 예외적으로 발생하는 일이 아니라 누구에게나 일어날 수 있는 보편적 사건임을 깨닫게 한다. 독자는 다양한 인물들의 선택과 고통, 극복의 서사를 따라가며, '그럴 수 있다', '나만 겪는 일이 아니다', '이미 많은 이들이 그 시간을 지나왔다'라는 내면의 이해를 얻게 된다. 이는 불안과 두려움을 조절하고, 삶에 대한 심리적 회복 기반을 마련하는 데 도움을 준다.

이처럼 독서는 단순히 정보를 전달하는 수단을 넘어, 예방적 정서 조절 도구이자, 회복 탄력성을 증진하는 자원으로 기능한다. 따라서, 독서는 눈에 보이지 않는 마음의 근육을 미리 단련해 두는 조용한 훈련이기도 하다.

위로와 위안을 통한 정서적 지지

독서는 삶에서 마주하는 감정의 무게를 덜어 주고, 마음을 다독여 주는 위로의 통로가 된다. 독자는 책 속의 문장을 통해, 자신이 느끼는 고통과 혼란, 슬픔과 외로움이 나만의 것이 아님을 확인하고 정서적으로 위안을 얻는다. 때때로, 이러한 독서 경험은 곁에 있는 타인으로부터 받기 어려운 진정성 있는 공감과 지지를 제공하기도 하며, 독자 내면의 상처를 치유하고 회복시키는 힘으로 작용한다. 특히, 소설, 에세이, 시 등을 통해 전달되는 "당신은 틀리지 않았다", "지금 느끼는 감정은 정당하다"와 같은 메시지들은 독자가 사회 속에서 겪는 고립감이나 자기 의심, 감정적 혼란을 인정받고 수용받는 경험으로 이어지며, 정서적 안정감을 회복하는 데 기여한다.

또 책 속 등장인물의 태도나 작가의 관점은 독자에게 새로운 삶의 시선을 제시함으로써, 부정적인 감정에 머무르지 않고, 긍정적으로 나아갈 수 있는 새로운 길을 열어준다. 독자는 반복되는 자책에서 벗어나 자기 자신을 이해하고 받아들이게 되며, 이는 자기 회복의 중요한 전환점이 된다. 그리고 '누군가에게는 충분히 이해받을 수 있는 나'임을 느끼는 순간, 독자는 그 사실만으로도 삶을 지탱할 힘을 얻게 되기도 한다.

이처럼 독서는 내면의 고통을 이해하고 어루만지는 과정이며, 정서적 균형을 회복하기 위한 안전한 자원이 된다. 주목할 점은, 이러한 위로와 위안의 경험이 일회성에 그치지 않는다는 것이다. 책은 언제든 필요할 때마다 꺼내어 읽을 수 있는 '지속 가능한 방식의 위로와 위안'이 되어준다.

살아갈 힘과 용기를 얻는 것을 통한 정서적 지지

독서는 단순한 위로를 넘어, 다시 살아갈 힘과 앞으로 나아갈 용기를 제공한다. 독자는 책 속의 인물, 작가의 목소리, 문장 하나하나를 통해 자신의 삶을 되돌아보며 다시 살아갈 힘을 회복하게 된다. 특히 어려움 속에서도 자신의 길을 선택하고 걸어간 인물들의 이야기, 또는 고통 속에서 삶의 의미를 새롭게 발견해 가는 서사는 독자에게 깊은 울림과 실천적인 용기를 건넨다.

삶의 방향을 잃었을 때, 혹은 선택의 기로에서 불안감에 휩싸일 때, 독자는 책을 통해 '나와 비슷한 고민을 했던 누군가도 결국 자기 길을 만들어 갔다'라는 사실을 확인한다. 이러한 독서 경험은 삶을 재정립하고, 중심을 되찾는 중요한 계기가 되어, 삶의 실질적인 변화로 이어지기도 한다. 어떤 이는 책을 통해 자신의 선택에 확신을 갖게 되고, 어떤 이는 책 속의 사고방식과 태도를 수용함으로써 보다 나은 삶의 방향으로 나아가게 된다.

또 독서 과정에서 반복적으로 마주하게 되는 문장과 메시지는 독자의 마음에 깊이 새겨지며, 삶의 위기 상황에서 다시 꺼내어 쓸 수 있는 내면의 구원 문장이 된다. 이는 마치 정신적인 무장과도 같은 역할을 하며, 독자가 외부의 어려움 속에서도 자기 정체성과 방향을 잃지 않도록 돕는다.

이처럼 책은 독자에게 '살아갈 수 있다'라는 확신을, '견딜 수 있다'라는 용기를, '다시 나아갈 수 있다'라는 희망을 건넨다. 그렇기에 독서 경험은 독자의 삶을 더욱 단단하게 만들어 주는 강력한 정서적 자원이라고 할 수 있다.

휴식을 통한 정서적 지지

책을 읽는 행위는, 물리적 공간과 시간의 제약을 넘어서는 몰입의 상태를 제공한다. 이러한 몰입은 독자가 자기 삶의 무게를 잠시 내려놓고, 새로운 감정의 결을 느끼게 하며 마음의 유연성을 회복하도록 돕는다. 독자는 책 속의 문장을 따라가며 천천히 호흡하고, 정서적으로 안정된 상태로 자신을 이끈다.

이처럼, 독서는 독자에게 현실로부터 잠시 물러나 마음의 숨을 고를 수 있는 안식처가 되어 준다. 일상의 고단함이나 감정의 소란 속에서 독자는 책을 펼침으로써 세상의 속도와 자극을 잠시 멈추고, 자기만의 리듬을 회복할 수 있다. 이렇게, 책 속의 세계는 독자에게 심리적으로 안전한 쉼터가 된다. 혼란스럽고 고단한 현실을 잠시 내려놓고, 다른 시대와 공간, 그리고 타인의 삶을 여행하는 동안 독자는 자기 자신으로부터도 잠시 자유로워질 수 있다.

이는 책 속으로의 단순한 회피나 도피가 아니다. 감정

의 과열을 식히고 심리적 안정감을 회복하여 다시금 현실을 살아갈 준비를 갖추는 내면의 충전 시간이다. 즉, 이러한 독서는 현실의 문제를 외면하고 회피하는 것이 아니라, 그 현실을 온전히 감당해 내기 위한 내면의 휴식을 취하는 경험이라고 할 수 있다.

이처럼 독서는 독자에게 심리적 휴식을 제공하고, 마음의 근육을 이완시켜 다시금 삶의 무게를 감당할 수 있는 회복력을 길러 준다. 지친 마음 앞에서 책은, 가장 친밀한 위로자이자 조용한 쉼터가 되어 주며, 독자는 이 휴식의 경험을 통해 더욱 단단하게 현실로 복귀할 힘을 얻게 된다.

결국, 독서를 통한 정서적 지지는 삶에 대한 불안과 고통, 고단함과 피로 속에서도 다시 삶으로 복귀할 수 있게 하는 내적 회복의 힘이다. 이는 단순한 위로나 안정감의 차원을 넘어, 인간이 다시 살아갈 힘, 즉 회복 탄력성을 길러 주는 교육적 경험으로 이해될 수 있다.

참고문헌

김효리(2024). 성인 독자의 독서 경험에 관한 현상학적 연구. 가톨릭대학교 대학원 박사학위 논문.

홍은숙(2006). 탄력성(resilience)의 개념적 이해와 교육적 방안. 《특수교육학연구》, 41권 2호, 45~67.

06

문제 해결

독서 경험은 독자에게 실용적 지식과 기술을 제공하며, 삶의 다양한 영역에서 자기 관리와 문제 해결을 가능하게 하는 실질적 자원이 된다. 독자는 다양한 삶의 맥락에서 필요한 상황에 독서 경험을 적절하게 호출하여 자원으로 활용한다. 특히, 문제 상황을 마주했을 때, 독서 경험을 활용하여 상황을 새롭게 바라보고, 실행 가능한 전략을 얻으며, 위기의 순간을 무탈하게 지나갈 수 있다.

인간은 책에서 삶을 살아갈 '자원'을 얻을 수 있어요. 읽으면 읽을수록 자원은 축적되겠죠. '내 삶에 필요한 자원', '좋은 자원'을 알아보는 눈이 있는 독자라면, 책에서 유용한 자원들을 많이 캐낼 수 있을 거예요. … 살면서 어떤 문제 상황을 마주할 때마다, 책에서 얻었던 온갖 자원들을 꺼내서 문제를 해결하려고 해요. … 책에서 얻는 이 자원은 제가 손에서 책을 놓지 않는 한 끊임없이 발굴되는 자원이거든요. — 30대, 남성, 작곡가

솔직히 말해서, 책에서 얻은 것들을 실제 삶에 활용하는 부분은 너무 많고, 자연스럽고, 일상적인 부분이라 하나하나 다 기억하는 게 이상할 정도예요. 그게 그냥 일상 그 자체거든요. 그래서 책의 실용성은 정말 한도 끝도 없어요. … 책으로 궁금증을 해결하고, 얻은 정보를 실용적으로 활용을 하고 그런 거죠. — 30대, 여성, 연구원

요즘 제가 아침에 커피랑 크루아상을 먹는 게 소소한 즐거움이거든요. 어떤 책을 재미있게 읽었는데 그 책의 주인공이 크루아상을 먹는 걸 좋아하더라고

요. 그걸 습관으로 가지고 있는 주인공이 나왔죠. 그럼 저는 그걸 보고, '오, 나도 해 볼까?' 하면서 해 보거든요. … 책을 읽는 것 자체가 단편적이고 단절적인 경험이 아니고, 연속성을 가진 경험이라고 생각을 해요. − 30대, 여성, 연구원

제가 초등학교 3학년 때부터 『탈무드』 마니아였어요. 거기 보면 인생을 어떻게 살아야 되는지 다 나오잖아요. 사람과 관계를 어떻게 맺어야 되는지도 나오고…, 초등학교 때 『탈무드』를 보면서 인생을 배웠다니까요. (웃음) 거기서 배운 것들을 실제 삶으로 소화해서 배운 대로 살아 보려고 하기도 했었고… 그런 것들이 알게 모르게 저를 좋은 방향으로 가게 했을지도 모르죠. − 40대, 남성, 교수

시 낭송 대회, 변론대회에 참가할 때도, 관련된 책을 사서 읽었죠. 가르침을 얻으려고요. '어떻게 하면 내가 잘할 수 있을까?'라는 생각 끝에는 언제나 책이 있어요. 나보다 앞선 경험자들이 어떻게 하는 게 좋다고 귀띔을 해 주니까, 얼마나 좋아요. − 60대, 여성, 시인

이들의 생생한 목소리로 전해지는 독서 경험 이야기는 독서 경험이 어떻게 '실용적 자원 및 문제 해결의 자원'으로 활용되는지를 보여 준다. 이들은 독서 경험을 삶의 실용적 자원으로 삼아 인생을 더욱 풍요롭게 가꿔 나갔다. 또 삶에서 맞닥뜨린 다양한 문제 상황을 해결하는 데에도 독서 경험을 적극적으로 활용했다. 이들에게 독서 경험은 삶을 풍요롭게 하는 실용적 자원이자, 어려움을 극복하게 하는 문제 해결의 자원이 되었다.

실용적 자원으로서의 독서 경험

독서 경험은 단순한 지식 축적을 넘어, 삶의 다양한 맥락에서 실질적으로 활용된다. 독자는 책을 통해 실용적 정보를 얻고, 새로운 기술이나 방법을 학습하며, 삶의 여러 영역에서 실천적 통찰을 발견한다. 이러한 독서 경험은 단순히 머릿속에 머무는 정보에 그치지 않고, 삶의 구체적인 맥락에서 상황에 맞게 호출되고 적용되어 활용된다. 즉, 독서 경험은 일상생활, 직무, 인간관계, 자기 관리 등 다양한 상황에서 문제를 해결하고, 더 나은 선택을 가능하게 하는 '실용적 자원'이 된다.

이러한 자원으로서의 독서 경험은 의도적으로 실용적 목적을 가지고 축적되는 경우도 있지만, 독서의 초기 목적과 관계없이 결과적으로 실용적 자원이 되기도 한다. 전자의 경우, 특정 기술을 배우기 위한 설명서, 건강을 관리하기 위한 안내서, 재정적 의사 결정을 돕는 재테크 서적, 취미 생활을 위한 가이드북 등을 통해 독자에게 구체적인 실천과 행동의 방향을 제시함으로써 자원이 된다.

한편, 문학이나 에세이와 같은 실용성을 직접 표방하지 않는 장르를 통해서도 삶의 태도, 관계 맺기, 감정 조절 등의 측면에서 유의미한 통찰을 얻게 되며, 이는 결국 독자의 삶을 돕는 내면화된 실용적 자원이 될 수 있다.

이처럼, 독서 경험은 독자의 삶 전반을 풍요롭고 윤택하게 만드는 실용적 자원으로서의 역할을 한다.

삶의 문제를 해결하는 독서 경험

독서 경험은 개인이 마주하는 삶의 다양한 문제를 이해하고 해결하는 데 효과적인 자원으로 작용한다. 독자는 책을 통해 현재 겪고 있는 문제를 새로운 시각으로 바라보거나, 유사한 상황을 극복한 타인의 경험과 전략을 간접적으로 체험함으로써 문제 해결의 실마리를 발견하게 된다. 이는 독서 경험이 단순한 지식 전달을 넘어서, 삶의 위기를 이겨내고 내면의 질서를 회복하는 데 실질적인 자원으로 활용될 수 있다는 것을 의미한다.

문제를 해결하기 위한 독서는 명확한 실용 목적을 가진 '도구적 독서(utilitarian reading)'의 성격을 가지기도 한다. 독자는 특정한 문제에 직면했을 때, 그것을 해결하기 위한 해답을 찾고자 책을 선택한다. 예를 들어, 인간관계의 갈등을 조정하거나, 진로와 직업적 전환을 계획하거나, 정서적 혼란을 이해하고 치유하고자 할 때, 독자는 관련된 분야의 책을 읽으며 현실적 대안을 모색한다. 이러한 독서 경험은 독자에게 실천 가능한 전략과 구체적 실행 방안을 제시할 수 있는 도구가 된다.

그러나 모든 독서가 처음부터 문제 해결을 목적으로 시작되는 것은 아니다. 예컨대, 단순한 휴식을 위해 읽은 책이 예상치 못한 방식으로 삶의 문제를 조명하거나, 독자에게 필요한 자원을 제공하기도 한다. 또는 과거에 읽었던 책이, 현재 시점의 문제 해결에 실질적인 도움이 되기도 한다. 이처럼 독서 경험은 초기 목적과 무관하게, '문제 해결의 도구'로 전환될 수 있는 잠재성을 지니며, 독자의 내면에 축적된 독서 경험은 지금 당장이 아니더라도, 삶의 어느 순간에든 적절히 호출되어 활용될 수 있는 유연한 자원이 된다.

결국, 독서 경험은 독자의 문제 해결 역량을 강화하는 실천적 자원이다. 이는 독자가 자신이 처한 상황에 더 능동적으로 반응하고, 위기 속에서도 자기 삶의 주도권을 잃지 않도록 돕는다. 따라서, 독서 경험은 단지 이해와 감상의 차원을 넘어, 삶을 이끌어 가는 전략적이고 실용적인 자원, 그 자체라고 할 수 있다.

지속 가능한 상징 자원으로서의 독서 경험

독서 경험은 일회적인 경험으로 끝나는 것이 아니라, 삶 전반에 걸쳐 반복적이고 누적적으로 활용되는 '지속 가능한 자원'으로 작용한다. 특히 문학, 철학, 인문 교양서와 같은 책에서 얻은 경험은 독자의 삶에서 '상징 자원(symbolic resource)'으로 전환될 수 있다(정옥년, 2010). 상징 자원이란 삶의 특정 맥락에서 의미 있는 해석과 실천을 가능하게 하는 문화적 가공물(Zittoun, 2006)로, 독자가 마주하는 문제나 전환의 순간에 실질적인 영향력을 발휘한다.

상징 자원으로서의 독서 경험은 단지 책의 내용을 기억하거나 인용하는 차원을 넘어선다. 그것은 독자가 자기 삶을 해석하는 틀로 내면화되고, 반복적인 사유와 응용을 통해 점점 더 깊어지고 풍부해진다. 예를 들어, 독자는 특정 문장이나, 인물의 태도, 작가의 철학 등을 기억 속에 저장해 두었다가 그것을 삶의 어떤 장면에서 자연스럽게 소환하며 의미를 재구성한다. 이러한 과정은 단순한 재현이 아닌, 자기 삶의 맥락에 맞게 독서 경험을 적용한 창조적 활용의 행위다.

상징 자원의 가장 큰 특징은 '반복 사용 가능성'과 '맥락 유동성'이다. 독자는 동일한 책을 삶의 여러 시점에서 다시 읽거나 회상하면서, 이전과는 다른 의미를 발견하고, 이를 삶의 새로운 국면에 적용할 수 있다. 이때 독서 경험은 시의적절한 조언자이자 내면의 동반자로서의 역할을 하며, 삶의 선택과 결정에 실질적인 근거와 방향을 제공한다. 이러한 점에서 독서 경험은 독자가 호출할 때마다 언제든 활용할 수 있는 지속 가능한 자원이자, 고갈되지 않는 자원이라고 할 수 있다.

결국, 독자는 책을 읽는 순간만이 아니라, 책으로부터 얻은 의미와 통찰을 전 생애에 걸쳐 활용함으로써, 독서 경험을 살아 있는 상징 자원으로 전환해 간다. 그리고 이 상징 자원은 독자가 독서를 하면 할수록 독자의 내면에 끊임없이 축적되기 때문에, 독자가 독서를 멈추지 않는 한, 독자의 삶에서 지속 가능한 자원이 될 것이다. 이 지속 가능한 자원은 독자로 하여금 삶의 위기와 문제를 극복하도록 돕고, 새로운 삶의 방식을 더 많이 시도하게 만듦으로써, 독자의 변화와 성장을 추동할 것이다. 그리하여, 궁극적으로는 독자의 삶을 '더 나은 삶'으로 이끌 것으로 기대된다.

참고문헌

김효리(2024). 성인 독자의 독서 경험에 관한 현상학적 연구. 가톨릭대학교 대학원 박사학위 논문.

정옥년(2010). 평생 학습 시대의 독서 ; 평생학습자로서 독자의 발달. 《독서연구》, 23호, 71~105.

Zittoun, T.(2006). *Transition : Development through Symbolic Resources.* Greenwich: Information age Publishing.

07

긍정 정서 경험

독서 경험은 독자에게 기쁨, 위로, 감동, 설렘 등 다양한 긍정 정서를 제공한다. 독서를 통한 긍정 정서 경험은 삶 속에서 지속 가능한 방식의 웰빙 회로를 형성하여, 궁극적으로는 삶에 대한 주관적 만족도를 증진한다. 따라서 독서를 통한 긍정 정서 경험은 독자의 삶에서 안정감 있는 심리적 자원이 된다.

읽다가 너무 좋거나 벅차오르면 책을 덮게 되는 게 있어요. 아껴 읽는 거예요. … '여기에 얼마나 좋은 글들이 남아 있을까?' 하는 기대감을 즐긴다고 해야 할까요? 표지만 보는 것만으로도 설레게 하고, 벅차게 하는 행복한 책이 있어요. – 20대, 여성, 회사원

책은 '자유롭다'라는 기분을 자주 느끼게 해 줘요. 읽고 싶을 때, 읽고 싶은 부분을, 원하는 시간 동안, 원하는 자세로 읽는다거나, 그만 읽고 싶으면 언제든 독서를 중단한다거나. … 내 맘대로 할 수 있는 무언가를 손에 쥔 인간으로 존재하는 쾌감! – 30대, 남성, 작곡가

책은 정말 다양한 즐거움을 주는데, 그중에서도 내가 평소에 느끼지 못했던 감정들을 느끼게 해 준다는 게 커요. … 책을 읽다 보면 그 일상적 감정의 범위를 뛰어넘는 감정을 느끼는 경우들이 있어요. – 30대, 여성, 연구원

제 서재를 직접 다 꾸몄죠. … 제 서재에 단정하게 꽂혀 있는 책들을 그저 바라만 보는 것만으로도 저한

텐 힐링이죠. 책 냄새도 너무 좋고요. … 모든 게 다 제 취향에 딱 맞는 더없이 완벽한 공간이죠. … 잡생각도 안 들고 편안해요. — 40대, 남성, 교수

소크라테스의 『변명』 같은 책을 보면서, 주어진 이 삶을 어떻게 살아야 하는지, … 행복을 향해 제대로 가고 있는지 등의 질문 들을 가지게 됐어요. 그런 질문들을 가지고 살면서, 몇 번이고 스스로 답을 해 보는 시간들이 저한테는 지극한 즐거움을 음미하는 시간이에요. — 60대, 여성, 시인

마음이 시끄러울 때, 책에 몰입해 있으면 잠시라도 해방감이 느껴졌지요. … 나에게 책은 '우주의 파동'이에요. 우주의 파동은 우주를 전부 다 순조롭게 돌게 하는 힘, 곧 '생명'이에요. … 덕분에 내 삶이 어떤 순간에서도 부서져 버리지 않고, 여기까지 올 수 있었던 것 같아요. — 70대, 남성, 잡지 편집국장

책을 읽다가, '내가 미소를 짓고 있네?' 이런 걸 문득 자각할 때가 있는데, … '내가 나를 기분 좋게 해 주고 있구나' 하는 생각이 들어서 그럴 때 기분이 좋아

요. 누구든 스스로한테 좋은 걸 해 주고 싶을 거잖아요. 저한텐 책이 그렇죠. — 80대, 여성, 주부

이들의 생생한 목소리로 전해지는 독서 경험 이야기는 독서 경험이 어떻게 '긍정 정서 경험'으로 이어지는지를 보여 준다. 이들은 독서를 통해 기쁨, 설렘, 해방감, 평온과 같은 다양한 긍정 정서를 경험하며, 그것을 꾸준히 누리며 살아왔다. 이들에게 독서 경험은 일상을 채우는 확실한 행복이자, 긍정적 삶을 지속 가능하게 하는 안정감 있는 정서적 자원이었다.

독서를 통한 다채로운 긍정 정서 경험

독서 과정은 일상에서는 좀처럼 느끼기 어려운 다양한 긍정 정서 경험을 가능하게 한다. 독자들은 책을 읽으며 기쁨, 설렘, 위로, 편안함, 통쾌함, 해방감, 자유로움, 뿌듯함, 만족감, 풍요로움, 희열 등 일상적 감정의 범위를 뛰어넘는 다채로운 긍정 정서를 경험한다. 어떤 이는 책장을 넘기는 소리와 촉감에서 마음의 설렘을 느끼고, 어떤 이는 종이에서 나는 냄새에서 안정감을 느낀다. 어떤 이는 한 문장을 음미하고 되새기는 시간에서 풍요로움을 느끼고, 어떤 이는 문장에서 느껴지는 아름다움에서 깊은 감동을 느

낀다.

주목할 점은, 이러한 긍정 정서 경험이 청각, 후각, 촉각, 시각 등 다양한 감각적 자극과 연결되어, 독서 전-중-후 전반에서 경험된다는 것이다. 예컨대, 책을 만지고, 고르고, 책장을 정리하고, 책이 있는 공간에 머물고, 읽은 책을 떠올리는 모든 순간이 독자에게는 긍정 정서 경험이 되는 것이다. 다시 말해, 이러한 긍정적 정서 경험은 책을 읽는 중에만 발생하는 것이 아니라, '독서 중이 아닌 시점', 즉 독서가 시작되기 전이나, 독서가 끝난 이후에도, 빈번하게 경험된다.

이처럼, 책은 독자에게 단순한 텍스트가 아니라, '긍정 정서 자극체'로서의 역할을 한다. 이러한 맥락에서 본다면, 독자가 자신의 손에서 책을 놓지 않는 한, 독서는 긍정 정서 경험의 마르지 않는 원천이 된다고 할 수 있을 것이다.

지속 가능한 방식의 웰빙 회로

현대 사회에서, '행복'은 끊임없이 외부 자극에 의존하거나 소비를 통해 충족되는 감정으로 오해되기 쉽다. 그러나 독자들이 독서 경험을 통해 경험하는 행복은 그런 일시적인 쾌락이 아니라, 반복이 가능하고 오래 지속되는 내면의 깊은 감정이다.

예를 들어, 독서를 통한 깊은 위로의 경험은 독자의 마음에 남아 있다가, 위로가 필요한 삶의 장면에서 불쑥 머리를 내민다. 이는 긍정적 독서 경험이 일회성을 끝나는 경험이 아니라, 삶의 맥락에 따라 호출되어, 지속 가능한 방식으로 활용될 수 있는 자원임을 보여 준다.

한 개인이 일상에서 지속 가능한 방식으로 긍정 정서 경험을 할 수 있는 방법을 보유하는 것은 매우 중요하다. '긍정 정서 경험'은 '주관적 웰빙(subjective well-being)', 즉 '삶의 만족감'과 밀접하게 관련되어 있기 때문이다. 디너 등(Diener et al., 1999)은 주관적 웰빙을 '삶에 대한 인지적이고 정서적인 평가 결과'로 정의했다. 여기서 '인지적인 평가'는 직업, 재정, 건강, 환경과 같은 자신의 삶 전반의 질을 의식적이고 인지적으로 평가하는 '삶에 대한 전반적인 만족도'를 가리킨다. 한편, '정서적인 평가'는 기쁨, 자긍심, 만족감, 행복과 같은 '긍정적 정서 경험'과 더불어 슬픔, 분노, 두려움, 걱정과 같은 '부정적 정서 경험'과도 관련된다. 즉, 주관적 웰빙은 삶 전반에 대한 인지적 평가뿐 아니라 정서적 평가를 함께 아우르는 개념이다(최인찬 외, 2023; Diener et al., 2002).

사회심리학자 브래드번(Norman Bradburn)은 '긍정적인 정서 경험'은 웰빙감을 높이고 '부정적인 정서 경험'은 웰빙감을 낮춘다고 설명했다. 이러한 관점에서 보면, 일상에서 '높은 빈도의 긍정 정서 경험'과 '낮은 빈도의 부정 정서 경험'을 할수록 개인은 웰빙감이 높은 삶을 영위할 수 있게 된다.

바로 이 지점에서, 독서는 중요한 역할을 할 수 있다. 독서는 지속 가능한 긍정적 정서 경험을 제공함으로써, 독자의 삶에서 멈추지 않는 '웰빙 회로'로 작동할 수 있기 때문이다. 이는 독자가 삶의 만족감을 지속 가능한 방식으로 느낄 수 있도록 돕는 심리적 자원이 된다. 이러한 맥락에서, 독서를 통한 긍정 정서 경험은 한 개인의 삶에서 굉장히 가치 있는 경험이며, 바로 이러한 이유로, 우리 사회는 국민의 행복 증진을 도모하는 차원에서 독서 문화 확산을 중요한 사회적 과제로 삼아야 한다.

삶의 만족도를 높이는 독서의 심리적 가치

독서는 단순히 정보를 얻는 행위나 시간을 보내는 수단에 그치지 않는다. 독자의 독서 경험은 삶에 대한 주관적인 만족감과 직결되는 심리적 자원으로 작용할 수 있다. 다시 말해, 독서는 독자가 자신의 삶을 긍정적으로 인식하게 만들고, 자신이 살아가고 있는 삶을 더욱 의미 있고 충만하게 여길 수 있도록 돕는다.

삶의 만족도는 흔히 외부 조건, 예컨대 소득, 직업, 관계 등의 환경적 요소에 따라 결정된다고 여겨지지만, 심리학에서는 개인의 주관적 평가 또한 삶의 만족도를 결정하는 중요한 요인이라고 본다. 이때 독서 경험은 그러한 주관적 평가의 방향을 긍정적으로 이끄는 강력한 요인이 될 수 있다. 독서 경험을 통해 얻는 다양한 긍정 정서 경험은 삶의 만족감에 대한 긍정적 평가로 이어질 수 있기 때문이다.

독서는 삶의 다양한 측면에 대해 다시 생각해 볼 기회를 제공한다. 평범한 일상, 갈등, 고통, 성공과 실패 등 각자의 삶에 스며든 요소들이 책 속의 이야기와 연결되면서 독자로 하여금 자신의 삶을 보다 넓고 깊은 시야에서 바라보도록 돕는다. 이 과정에서 독자는 '왜 사는가', '어떻게 살아야 하는가'에 대한 실존적 질문을 스스로에게 던지고, 그 답을 탐색하는 가운데 자기 삶의 고유한 의미를 발견할 수 있다. 이러한 내면적 여정은 독자로 하여금 자신의 삶에 자긍심을 갖게 하고, 스스로의 삶을 긍정적으로 평가하도록 돕는다.

또 독서는 자아 존중감과 자율성의 강화에도 기여한다. 독자들은 책을 스스로 선택하고 읽어 내는 과정에서 자기 결정성을 획득하고 성취감을 경험한다. 이는 곧 자신감으로 이어진다. 특히 어려운 시기를 지나는 독자에게는 책한 권을 끝까지 읽는 경험이 성취감으로 작용하고, 이는 자기 효능감을 회복하는 데 중요한 심리적 자원이 되기도 한다.

무엇보다도, 독서는 독자에게 '스스로의 삶을 돌보고 가꾸는 힘'을 부여한다. 바쁜 일상 속에서도 책을 펼치고 자신만의 시간을 가지는 행위는, 삶의 리듬을 회복하고 주체적 삶의 태도를 유지하는 데 큰 도움이 된다. 이러한 주체성과 자기 돌봄은 삶의 만족도를 장기적으로 높이며, 일상 속에서 긍정 정서를 안정적으로 유지할 수 있는 기반이 된다.

이처럼 독서 경험은 단순한 기분 전환이나 일회적 정서 자극이 아니라, 독자가 자신의 삶을 긍정적으로 바라볼 수 있게 만들고, 스스로에 대한 믿음과 만족을 회복시키며, 자기 삶의 의미를 깊이 있게 되새기게 한다. 즉, 독서 경험은 독자의 자아를 강화하여, 삶을 대하는 방식에 긍정적인 영향을 주는 심리적 자원으로 작용하는 것이다.

참고문헌

김효리(2024). 성인 독자의 독서 경험에 관한 현상학적 연구. 가톨릭대학교 대학원 박사학위논문.

최인찬 외(2023). 리터러시와 주관적 웰빙의 상호관계에 관한 체계적 문헌 연구 - 국내 연구를 중심으로. 《국어교육학연구》, 58권 1호, 243~294.

Bradburn, N. M.(1969). *The structure of psychological well-being.* Aldine Publishing Company.

Diener, E., et al.(2002). Subjective well-being: The science of happiness and life satisfaction. *Handbook of positive psychology,* pp. 463~473. London: Oxford University Press.

Diener, E., et al.(1999). Subjective well-being: Three decades of progress. *Psychological bulletin, 125(2),* 276~302.

08

공감과 연대 형성

독서는 개인의 사적 활동을 넘어 관계 확장과 타자 이해, 사회적 연대를 이끄는 강력한 문화적 도구다. 독자는 등장인물, 작가, 타 독자들과 정서적으로 교류하며 사회적 관계를 넓히고, 다양한 삶의 이야기를 공유함으로써 타자의 감정과 상황에 공감하게 된다. 이는 편견을 허물고 타자를 이해하는 태도를 길러 주며, 사회 문제에 대한 감수성과 윤리적 책임을 일깨워 연대의 실천으로 이어지게 된다. 독서 경험은 결국 서로에게 공감 가능한 사회를 만드는 문화적 기반이 된다.

『나는 괜찮지 않아도 괜찮아』라는 책을 읽었어요. … '비장애 형제들'의 이야기였어요. … 저는 살면서 한 번도 생각해 보지 못했던 부분이었는데, '아 당연히 힘든 점이 많겠구나' 싶더라고요. '비장애 형제'라는 단어도 이 책을 통해 처음 알게 되었고요. 세상의 소수자와 약자들의 이야기를 읽을수록 더 많은 사람을 이해하게 되는 것 같아요. — 30대, 남성, 작곡가

『난 두렵지 않아요』, 『그리고 산이 울렸다』와 같은 책들을 읽으면서, 같은 사람으로서 그들의 인권이 무시되는 게 마음이 아팠어요. … 그런 일들이 세상에 벌어지고 있다는 것을 알면서도, 내가 그들을 위해 적극적으로 행동하지 않는다는 것에 대한 미안함과 죄책감이 들었죠. … 내가 할 수 있는 아주 작은 것이라도, 할 수 있는 게 있으면 해야겠다는 생각을 하면서 사는 것 같아요. — 30대, 여성, 연구원

책은 타인에 대한 경계를 허무는 데 유용하죠. 어떤 것에 대해 다른 관점을 가지고 있는 타인이 있을 때, '당신은 틀렸다'는 식으로 달려들기보다는 '아, 당신은 이런 이유로 이런 생각을 하는군요'라는 태도를

가질 수 있게 해 주는 게 책이라고 생각해요. … 책에는 너무나 다양한 인생을 사는 누군가가 등장하거든요. 그들의 삶을 들여다보면 다 각자만의 이유가 있고, 사정이 있잖아요. 그런 것들을 많이 접하다 보면, 자연스럽게 '아, 저 사람은 저 사람 나름대로의 이유가 있겠지. 사정이 있겠지.' 이런 태도가 생기더라고요. – 40대, 남성, 교수

그들의 삶을 직접 경험해 볼 수는 없지만, 그래도 타인의 삶을 책으로 한번 겪어 본다는 것은, 그런 경험이 없는 것보다는 훨씬 타인의 삶을 이해하는 것에 도움이 될 거라는 생각을 해요. 다른 사람의 삶에 대해 섣부른 판단을 하지 않게 해 주고요. – 60대, 여성, 시인

책이 사회에서 힘을 뭉쳐 주고, 연대를 이끌어 낼 수 있는 힘을 가지고 있다는 거거든요. … 책을 통해서 다른 사람들의 삶을 엿보는 것은 인간에 대한 이해의 폭을 넓혀 주죠. 이런 이유에서도 저는 우리 사회가 서로에게 책을 권하는 사회였으면 좋겠다는 생각을 해요. … 그들의 삶을 들여다보고, 해석하고, 곱

쉽고. 그러한 과정은 분명 타인의 삶에 대한 섣부른 판단을 멈추게 하고, 공감과 사랑을 형성해 줄 것입니다. — 70대, 남성, 잡지 편집국장

이들의 생생한 목소리로 전해지는 독서 경험 이야기는 독서 경험이 어떻게 '공감과 연대 형성'에 기여하는지를 보여 준다. 이들은 책을 통해 타자의 삶을 이해하고, 공감하며, 사회적 연대의 가능성을 발견했다. 이들에게 독서 경험은 타자와의 경계를 허물고, 더 넓은 공동체 속에서 공감적으로 살아가도록 이끄는 매개가 되었다.

독서를 통한 관계의 확장과 소통

독서는 본질적으로 개인의 내면에서 이루어지는 활동이지만, 그 결과는 종종 외부와의 연결로 확장된다. 독자들은 책을 통해 작가, 등장인물, 그리고 또 다른 독자들과 관계를 형성하고, 그로 인해 삶의 반경이 넓어지는 경험을 하게 된다. 이는 독서가 개인의 사적인 경험에 머무르지 않고, 사회적 관계로 이어지는 중요한 매개적 경험이 될 수 있음을 보여 준다.

독자는 책 속 등장인물들의 삶을 따라가며 그들의 선택과 감정에 몰입하기도 하고, 작가의 사유에 감응하며 그 세

계관을 자신의 내면에 받아들이기도 한다. 이러한 정서적 교감과 사유의 수용은 독자가 '타인'과 교류하고 있다는 경험을 선사하며, 개인의 독서 행위를 곧 '타자와 만나는 장'으로 전환한다.

이러한 타자와의 상호교류는 텍스트 내부에서만 이루어지지 않는다. 독자들은 실제 사회 속에서도 독서와 관련하여 새로운 관계를 만들어 간다. 블로그, 사회관계망서비스(SNS), 독서 모임 등에서 다른 독자와의 의견 공유는 독서가 개인적이고 일방적인 수용을 넘어서 상호작용적인 소통의 경험으로 발전할 수 있음을 보여 준다.

책을 읽은 후 자신의 감상을 나누고, 타인의 해석을 경청하며, 함께 사유의 폭을 넓혀 나가는 과정은 독서 경험을 더욱 풍성하게 만든다. 혼자 읽을 때 구성하기 어려운 다채로운 의미와 통찰을 타자와의 상호교류 속에서 획득하게 되는 것이다.

특히 독서 모임은 독서라는 개인적 활동이 집단적 대화로 확장되는 대표적인 사례다. 독서 모임의 참여자들은 같은 책을 읽었더라도 각자가 품은 감상과 해석이 서로 다르다. 이것을 공유하는 과정에서 참여자들은 다양한 관점을 접하게 되고, 단순한 지식 교환을 넘어서 서로의 세계를 존중하고 수용하는 태도를 배우게 된다.

독서를 매개로 형성된 관계는 일시적인 만남을 넘어 지속적인 유대감으로 발전하기도 한다. 같은 책을 읽었다는 경험만으로도 심리적 거리감이 좁혀지고, 자연스럽게 대화와 공감의 장이 열린다. 이처럼 '책으로 맺어진 인연', 곧 '책연(冊緣)'은 혈연이나 지연과는 또 다른 깊이 있는 친밀감과 유대감을 형성하며, 오늘날에는 그 의미가 새롭게 조명되고 있다.

결국, 타자와 함께하는 독서는 단절과 고립의 반대편에 있는 경험이다. 책은 독자에게 타자와 연결될 수 있는 다리를 놓아 주며, 사적이고 내밀한 경험이었을 독서를 사회적이고 관계적인 경험으로 확장한다. 독서를 통해 우리는 '나'만의 세계를 넘어 '우리'의 세계로 향하게 되고, 이는 곧 더 깊이 있고 넓은 삶으로 나아가는 길을 열어 준다.

타자에 대한 이해와 경계 허물기

독서는 타인의 세계를 상상하고 공감하며, 낯선 삶과 존재를 이해하는 창구가 된다. 독자들은 책 속에서 자신과는 전혀 다른 환경, 배경, 가치관을 지닌 인물들과 마주하며, '나와 다른 존재'를 있는 그대로 바라보고 이해하려는 태도를 점차 형성하게 된다.

문학, 에세이, 자서전 등에서 만나는 다양한 인물들과

서사는 독자에게 타자의 삶을 '사유할 기회'를 제공한다. 이때 독자는 표면적인 정보나 사실만을 받아들이는 데 그치지 않고, 등장인물의 내면적 동기와 고통, 선택의 배경을 따라가며 타인의 입장과 처지에 서 보는 경험을 하게 된다. 이러한 독서 경험은 독자의 정서적 감수성과 공감 능력을 자극하며, 자연스럽게 타자에 대한 경계를 허무는 계기를 마련해 준다.

특히, 독서가 제공하는 간접 경험은 타인의 삶을 '안전한 거리'에서 이해할 수 있도록 도와준다. 이를 통해 독자는 직접 경험하기 어려운 사회적 소수자의 고통, 역사적 인물의 고뇌 등을 마주하게 되며, 기존의 편견이나 고정관념을 해체하게 되는 경험을 한다. 결과적으로, 이러한 경험은 독자의 인식 지평이 확장되도록 도우며, 타자에 대한 깊은 이해를 형성하게 만든다.

타자 이해의 증진은 곧 사회적 포용성의 기반이 된다. 독서를 통해 길러진 타자에 대한 공감적 태도와 존중은 일상생활에서도 자연스럽게 발휘된다. 예컨대, 타인의 결정이나 태도를 받아들이는 수용적 태도, 타자와의 공존 가능성을 긍정하는 태도, 그리고 다름을 차이로 존중하는 감수성 등은 갈등을 원만하게 조정하고 관계를 개선하는 데 기여한다.

결국, 독서는 독자로 하여금 '타인의 삶을 잠시 살아 보는 경험'을 가능하게 한다. 그 과정을 통해 독자는 '나'의 경계를 허물고, 타인의 세계에 다가가는 경험을 하게 된다. 이처럼 독서는 자기 확장을 통해, 타인과 함께 살아가기 위한 감수성을 길러 주고, 사회적 존재로의 성장을 가능하게 하는 중요한 매개체가 된다.

공감과 연대를 이끄는 독서의 사회적 기능

독서는 타인의 삶을 이해하고, 그에 대한 공감과 연대를 끌어내는 강력한 사회적 기능을 수행할 수 있다. 독자들은 책을 통해 자신과는 다른 환경, 배경, 가치관을 지닌 타인의 삶과 감정에 접근하게 되며, 그 과정에서 인간 존재의 다양성을 인식하고 존중하는 태도를 기르게 된다. 특히 문학, 에세이, 전기, 르포르타주와 같은 장르의 책은 타인의 고통, 갈등, 선택을 구체적이고 정서적으로 경험하게 함으로써 타자의 삶을 조금 더 촘촘하게 이해하도록 돕는다.

이러한 독서 경험은 단순한 정보의 전달이나 이해를 넘어서, 감정의 공유와 윤리적 책임감을 불러일으킨다. 독자는 책 속 인물의 고통에 몰입하면서 '만약 내가 저 상황에 있었다면?'이라는 질문을 자연스럽게 품게 된다. 그리고 그 질문에 답을 해 가는 과정에서 타자에 대한 이해가 깊어지고, 사회적 감수성이 확장된다. 이는 곧 개인의 독서를 사적 경험에 머무르게 하지 않고, 사회적 감각을 일깨우는 경험으로 확장한다. 더 나아가 타인의 고통에 무관심하지 않고 연대하려는 태도로 발전하게 한다.

이처럼, 독서가 이끌어 내는 공감은 사회적 연대의 실천으로 이어질 수 있다. 독자는 책을 통해 사회 구조 속에서 소외되거나 억압받는 집단의 현실을 마주하면서 문제의식을 갖게 되고, 변화에 기여하고자 하는 태도를 형성한다. 예컨대, 사회적 불평등, 차별, 빈곤, 환경 문제 등을 다룬 책들은 독자에게 단순한 지식을 넘어 윤리적 책임과 연대의 실천을 촉구하기도 한다.

이는 '사회 변혁적 독서'와 맥락을 공유한다. 천경록(2017)에 따르면, 사회 변혁적 독서는 개인 독자가 독서를 함으로써 자기가 속한 사회를 변화시키는 데 중점을 두는 독서다. 사회 변혁적 독서는 개인을 위한 목적을 넘어서 사회를 변화시키고자 하는 것에 목적을 둔 개념으로, 독서가 사회적인 차원에서의 역할을 할 수 있음을 함의하고 있는 개념이라고 볼 수 있다.

독서는 이러한 방식으로 개인의 정서적 · 지적 경험을 넘어서 사회적 감각과 책임 의식을 일깨운다. 독서 경험을 통한 타자에 대한 공감은 연대 의식으로 이어지고, 연대 의식은 다시 더 나은 사회를 위한 행동으로 발전한다. 이처럼, 책을 통해 타인의 고통에 마음을 기울이고, 공동체를 위한 고민과 실천을 시도하는 모든 과정이 독서가 가진 사회적 기능이라 할 수 있다. 이러한 독서의 사회적 기능은 인간이 함께 살아가기 위한 감수성을 회복하게 한다.

결국, 독서는 개인의 의미 구성 과정일 뿐 아니라, 공동체를 위한 공감과 연대의 장이다. 개인의 독서 경험은 사회적 연대의 가능성을 품은 씨앗이 되어, 공감 가능한 사회를 만들어 가는 토대가 된다. 이러한 점에서 독서는 서로를 혐오하고 배척하는 사회가 아니라, 서로를 이해하고 공감하는 사회를 형성하는 문화적 기반이라 할 수 있다.

참고문헌

김효리(2024). 성인 독자의 독서 경험에 관한 현상학적 연구. 가톨릭대학교 대학원 박사학위 논문.

천경록(2017). 독자 연구의 동향과 방향 2001~2016년 시기를 중심으로. 《독서연구》, 43(0), 67~97.

09

성장으로서 독서 경험

저마다의 독자는 독서의 과정에서 '좋은 삶'의 의미를 구성한다. 독자는 다양한 독서 경험을 통해 '좋은 삶'을 영위해 나갈 수 있는 존재로 성장해 나간다. 독서 경험이 독자의 지속적 성장을 도와 '좋은 삶'으로 나아가도록 추동하는 실존적 자원이 되는 것이다.

책은 저에게 '성장'이라고 생각해요. … 저에게 책은 성장에 대한 욕구를 채워 줄 수 있는 익숙하고, 접근성이 좋은 수단이라고 생각해요. … 책은 학창 시절부터 지금까지 저와 함께하면서, … 정체와 퇴화를 막아 주고, 성장의 욕구를 채워 주었어요. – 20대, 여성, 회사원

맹목적으로 책이 좋다고는 말하기 싫거든요. … 그런데, 아무튼 책을 보면, 좀 더 괜찮은 인간이 될 수 있는 것 같아요. 독서라는 수양을 통해서 새로운 걸 두려워하지 않고 받아들일 수 있는 삶의 태도를 배우게 됐거든요. … 삶의 태도를 배우고, 일종의 수양처럼 그걸 자꾸 떠올리면 진짜 내 태도도 변하게 돼요. 삶의 태도가 변하면 사람의 삶이 바뀌겠죠, 당연히. – 30대, 남성, 작곡가

그 책을 보면서, 스스로를 인정하게 되고, 이해하게 됐어요. … 그러고 나니까 '이제 내가 나를 인정했으니까 앞으로는 이렇게 해 봐야겠다'라는 마음도 들더라고요. 저는 생각이 너무 많아서, 생각만 하느라 아무것도 못 하고 생각만 했어요. 그런데 이 책을 읽

고 나서는 … '이제는 실행력 있게, 추진력 있게 살아 보자, 일단 해!'라는 마음이 생긴 거죠. — 30대, 여성, 연구원

올해 법학 대학원에 입학을 하게 됐는데, 평생에 걸쳐서 읽어 온 책의 영향이 크다고 봐요. 책을 통해 끊임없는 배움을 추구해 왔는데, 그 연장선상에서의 선택이었던 거죠. 저는 독서를 통해 조금씩 더 발전된 단계로 직업을 바꿔 오며 살았어요. … 그렇게 다양한 분야에서 일을 하게 됐었던 것도 제 삶이 늘 평생 옆구리에 책을 끼고, 읽고 쓰는 삶이었기에 가능했던 거라고 생각하고 있어요. 책은 저에게 너무나 다양한 삶의 모습을 보여 줬고, 내가 앞으로 살고 싶은 삶에 대해 생각하게 했으니까요. — 60대, 여성, 시인

책을 보는 날들이 쌓여 가면서, 제가 정말 원하는 삶이 어떤 삶인지 차차 알게 되었죠. … 내가 읽은 책들이 쌓여서 '더 괜찮은 나', '내가 원하는 나'가 되는 데 힘을 쓸 것이라고 믿어요. … 책들을 읽다 보면, 나를 이해하고, 나를 알아 가는 데 많은 도움이 되지요.

> 그러면서 조금씩이라도, 조금이라도 더 괜찮은 인간이 되지 않을까 생각해요. — 70대, 남성, 잡지 편집국장

이들의 생생한 목소리로 전해지는 독서 경험 이야기는 독서 경험이 어떻게 '지속적 성장'으로 이어지는지를 보여 준다. 이들은 생애 전반에 걸쳐서 독서를 해 왔으며, 그 과정에서 지속적으로 성장해 왔다. 이들에게 독서 경험은 끊임없이 자신을 돌아보게 하고, 더 나은 삶을 추구하도록 이끌었으며, 자신이 원하는 삶으로 나아가게 해 주는 원동력이 되었다.

독서를 통한 '좋은 삶'의 주관적 의미 구성

'좋은 삶'이란 누구에게나 동일한 정답이 있는 개념이 아니다. 각 개인이 처한 삶의 조건, 지향하는 삶의 가치와 방향성, 살아온 궤적에 따라 그 의미는 다르게 정의된다. 이처럼 주관적으로 구성되는 '좋은 삶'의 의미를 탐색하는 데, 독서 경험은 중요한 실존적 자원이 된다. 독자는 독서를 통해 자신이 어떤 삶을 살아가고 싶은지 성찰하고, 삶의 방향을 스스로 설정해 나간다.

다시 말해, 독서는 독자로 하여금 '좋은 삶'에 대한 자기

만의 주관적 의미를 능동적으로 구성하고, 구체화하여, 실천 가능한 가치로 형상화하도록 돕는다. 어떤 이에게는 타인을 용서할 수 있는 내면의 힘을 갖는 것이, 또 다른 이에게는 왜곡된 역사를 바로잡고자 하는 실천적 열망을 따르는 것이, 또 누군가에게는 소소한 행복에 감사하며 하루하루를 충만하게 살아가는 것이 '좋은 삶'의 모습일 수 있다.

이처럼 독자는 독서를 통해 자신만의 고유한 삶의 가치를 발견하고, 그 가치를 실현해 나가기 위한 실천의 방식들을 점차 선명하게 구성해 간다. 즉, 독서 경험은 단순한 지식의 축적이나 정서적 반응을 넘어, 독자가 삶의 다양한 맥락 속에서 자신의 주관적인 삶의 의미를 구성하고, 그 방향을 향해 나아갈 수 있도록 돕는 실천적 기제로 작용하는 것이다.

한편, 독서의 과정에서 구성된 독자 저마다의 '좋은 삶'의 의미는 어느 시점에서 완성되는 고정된 것이라기보다, 생애 전반에 걸쳐 유동적으로 변화하고 재구성되는 살아 있는 의미에 가깝다. 독서 과정에서 구성된 '좋은 삶'의 의미는 그 순간에 완결되는 것이 아니라, 이후의 삶 속에서 반복적으로 되새겨지고, 새로운 삶의 맥락 속에서 재해석되며, 재구성될 수 있기 때문이다.

결국, 독서는 저마다의 독자가 '나는 어떻게 살아가고

싶은가?', '무엇이 나에게 진정 의미 있는 삶인가?'라는 실존적 질문을 끊임없이 묻고 답하는 과정이다. 이러한 성찰의 과정을 통해 독자는 자신에게 진정 중요한 삶의 의미, 즉 '좋은 삶'의 의미를 발견하고, 그것을 향해 살아갈 내면의 힘을 길러 나간다.

'좋은 삶'을 향한 지속적 성장

독서는 독자에게 '좋은 삶'에 대한 저마다의 주관적 의미를 구성하도록 돕는다. 비록 '좋은 삶'의 구체적 모습은 다르더라도, '독서 경험'을 자원으로 삼아 지속적으로 '좋은 삶'을 영위하기 위한 존재로 나아간다는 점에서는 공통된다. 즉, 독자들은 각 개인이 추구하는 '좋은 삶'으로 나아가는 과정에서 독서를 통해 끊임없이 변화하고 성장하며, '좋은 삶'을 영위할 수 있는 존재로 거듭나게 된다.

21세기에 들어, 학습의 목표는 학습자가 자신의 인격을 성장시키고 지속 가능한 방식의 좋은 삶을 살아가도록 돕는 것에 방점을 두고 있다(이채윤 외, 2023; 교육부, 2022; OECD, 2018; UNESCO, 2016). 미래 교육을 설계하는 경제개발협력기구(OECD)의 '교육 2030(Education 2030)' 프로젝트 또한 학습의 궁극적인 목표로 학습자의 '웰빙(well-being)'을 제시하며, 학습자가 '좋은 삶'을 영위할 수 있는 존재로 성장하는 데 주목하고 있다.

웰빙을 학습의 목표로 두는 것은 아리스토텔레스에서부터 이어진다고 할 수 있는데, 그에 의하면 학습의 목적은 '유데모니아(εὐδαιμονία)' 추구에 있다. 그리스어 유데모니아는 '좋은 삶(the good life)', '풍성한 삶(flourishing life)', '행복(happiness)', '웰빙(well-being)' 등으로 학자마다 다양하게 번역해 사용해 왔다(유재봉, 2023). 이는 '유데모니아'라는 용어가 하나의 정의로 설명되기보다는 다양한 의미로 해석될 수 있음을 나타낸다.

그러나 '좋은 삶', '풍성한 삶', '행복', '웰빙' 등을 학습의 목적으로 추구한다고 했을 때, 이는 하나의 지향을 공유하고 있다. 바로, 학습자의 삶이 '좋은 삶'이 되기를 기대하며, 학습자가 그러한 삶을 '영위할 수 있는 존재'가 되기를 추구한다는 것이다.

이러한 맥락에서 볼 때, 독서를 통한 지속적 성장은 단순한 지식의 축적을 넘어, 독자가 스스로를 끊임없이 갱신하고 확장하여 '좋은 삶을 영위할 수 있는 존재'가 되어 가기를 돕는 삶의 여정이라고 할 수 있다. 독서는 그 여정의 중심에서 독자에게 끊임없이 질문을 던지고, 사유의 폭을 넓히며, 내면을 다듬고 확장하는 지속 가능한 성장의 동력이 된다.

웰빙 독서

21세기 교육 담론의 중심에는 학습자의 '웰빙(well-being)', 즉 지속 가능한 행복과 삶의 질 향상이 놓여 있다. 이는 단순히 소득이나 환경과 같은 외적 조건의 충족을 의미하는 것이 아니라, 삶에 대한 주관적 평가와 만족감을 중시하는 관점이다. 바로 이러한 지점에서, 독서는 개인의 '주관적 웰빙'을 증진하는 효과적인 매개체로서의 역할을 할 수 있다.

독서는 독자로 하여금 삶을 긍정적으로 인식하도록 돕는다. 책 속 이야기들은 정서적 안정과 자아 성찰, 공감 능력, 회복 탄력성 등과 같은 정신적 자원을 풍부하게 제공하며, 독자가 삶의 다양한 국면을 보다 넓은 시야로 바라보게 한다. 이러한 독서 경험은 단기간의 감정적 자극에 그치지 않고, 내면화되고 축적된 성장의 흐름 속에서 지속 가능한 방식으로 주관적 웰빙을 구성한다. 이러한 점에서 독서는 독자의 삶에서 지속 가능한 행복을 실현할 수 있는 웰빙 자원으로 작용한다고 할 수 있다.

특히, 독서를 통해 축적된 독서 경험은 삶의 위기 상황에서 호출 가능한 내면의 자원이 되어, 자신이 처한 상황을 재해석하고 새로운 시각에서 대응할 수 있도록 돕는다. 또 독서는 삶의 리듬을 유지하고 회복하게 하고, 자율적이고 주체적인 태도로 삶을 살아가게 하여, 삶에 대한 내적 만족감을 높이는 중요한 심리적 자원이 된다. 즉, 독서 경험은 개인의 주관적 웰빙에 긍정적 영향을 미칠 수 있는 중요한 요인이라고 할 수 있다.

이러한 맥락에서, '웰빙 독서'는 우리 사회가 지향해야 할 미래 독서 문화의 핵심 방향이 되어야 한다. 이제 독서는 단순한 여가 활동이나 정보 습득의 수단을 넘어, 독자의 삶을 웰빙으로 이끄는 실존적 행위로 자리매김하고 있다. 따라서 '웰빙 독서'는 독서 교육 연구자와 실천가들이 주목하고 심화시켜야 할 중요한 패러다임이자, 교육 현장에서 실현 가능한 독서 실천 전략으로 정립될 필요가 있다.

참고문헌

교육부(2022). 초 · 중등학교 교육과정 총론. 교육부 고시 제2022-33호.

김효리(2024). 성인 독자의 독서 경험에 관한 현상학적 연구. 가톨릭대학교 대학원 박사학위 논문.

유재봉(2023). OECD Education 2030에 나타난 웰빙 개념의 비판적 검토. 《교육과정연구》, 41권 2호, 31~51.

이채윤 외(2023). 학습자의 주관적 웰빙을 위한 리터러시 교육의 가능성 탐색. 《국어교육》, 183호, 1~39.

OECD(2018). *The future of education and skills: Education 2030.*

Paris: OECD Publishing.

UNESCO(2016). Education 2030: *Incheon declaration and framework for action for the implementation of sustainable development goal 4: Ensure inclusive and equitable quality education and promote lifelong learning opportunities for all.* UNESCO Publishing.

10

독서 경험 연구 방법

독서 경험은 단순한 읽기 행위를 넘어 실존적 변화를 이끄는 총체적 경험이며, 이를 탐색하는 데에 현상학은 적합한 연구 방법이 된다. 해석학적 현상학자인 반 매넌의 방법을 따라, 시간성 · 공간성 · 신체성 · 관계성이라는 네 가지 근본 실존체를 활용하여 애독자들의 독서 경험을 분석할 수 있다.

독서 경험에 대한 현상학적 접근

독서 경험을 이해하고자 할 때, 그것은 단지 책을 읽는 행위나 내용의 이해에 머무르지 않는다. 독서는 삶의 특정한 순간에 독자에게 다가와, 그 사람의 내면을 흔들고 감각과 감정, 사고와 기억을 불러일으키는 총체적 체험으로 작동한다. 이러한 '경험'은 표면에 드러난 결과나 행동만으로는 온전히 포착할 수 없기에, 독자가 경험한 바를 그 자체로 깊이 있게 들여다보려는 접근이 요구된다. 바로 이 지점에서 현상학은 강력한 탐색 도구가 된다.

현상학은 '있는 그대로의 경험'을 기술하고자 하는 철학적 탐구 전통이다. 후설(Edmund Husserl)은 세계에 대한 선이해나 판단을 잠정적으로 유보하고, 그 자체로 주어진 경험을 주목하자고 주장하며 '사태 자체로(zu den Sachen selbst)' 귀환할 것을 강조했다(이남인, 2004). 즉, 어떠한 선입견이나 이론적 개념들의 방해를 받지 않고 경험세계의 근저에 있는 본질을 밝히려는 것이다(이남인, 2004). 그의 사유는 인간의 경험을 탐구 대상으로 삼았다는 점에서, 독서라는 행위가 독자에게 남기는 경험을 주목하는 데 기초가 된다.

하이데거(Martin Heidegger)는 이러한 현상학적 전통을 '존재'의 탐구로 확장하며, 인간을 단지 '앎을 지닌 주체'

가 아닌 '세계-안-존재(Dasein)'로 이해했다. 그는 존재하는 자로서의 인간이 세계 속에서 경험하고 해석하며 살아간다는 점을 강조하면서, 경험은 언제나 시간성과 공간성, 타자와의 관계성, 몸이라는 존재적 조건을 통해 이루어진다고 보았다. 이러한 관점은 독서 경험이 단지 개인의 내면에서 일어나는 심리적 반응이 아니라, 특정한 시공간과 관계 맥락 속에서 구체적이고 실존적인 방식으로 형성된다는 것을 일깨워 준다.

이처럼 현상학은 독서 경험을 단지 지식 습득이나 감상의 결과로 환원하지 않고, 독자가 특정 시점의 삶의 맥락 속에서 '살아 낸' 독특한 체험으로 본다. 독자는 책을 읽으며 자신이 처한 삶의 문제와 마주하고, 기억을 소환하고, 감정을 다루며, 미래를 상상한다. 이러한 독서 경험을 진지하게 탐구하기 위해서는, 섬세하고 주관적인 층위를 존중하는 방식이 요청되며, 현상학은 그러한 탐색에 적합한 철학적 · 방법론적 기반을 제공한다.

결과적으로, 독서 경험에 대한 현상학적 접근은 독서를 인간 실존의 일부로 바라보게 하며, 독자의 삶을 구성하는 의미 있는 실천으로 독서를 자리매김하게 한다. 다시 말해, 독서를 단순한 행위나 기능이 아닌, 인간이 '살아낸 경험'으로 이해하게 하는 철학적 기반이라 할 수 있다. 현상학은 독서가 삶의 굴곡, 감정, 관계, 정체성과 얽혀 있다는 점을 놓치지 않고 탐색하게 하는 관점으로서, 독서 연구와 교육 실천에 깊이 있는 통찰을 가능하게 해 준다.

반 매넌의 해석학적 현상학 연구 방법

현상학적 탐구를 실천하는 구체적인 연구 방법은 여러 철학적 전통에 따라 다양하게 제안되어 왔다. 그중에서도 필자는 해석학적 현상학의 전통을 따르는 막스 반 매넌(Max van Manen)의 방법론을 채택했다. 그 이유는 독서 경험이라는 주제가 독자의 내면적 체험이자 삶의 흐름 속에서 해석되고 의미화되는 존재론적 경험이라는 점에서, 단순한 기술이나 묘사에 그치지 않고 깊은 해석과 성찰을 요구하기 때문이다.

반 매넌은 후설의 본질 탐색에 기반을 두면서도, 하이데거의 해석학적 존재 이해를 중심으로 인간의 삶의 의미를 탐색하는 방식에 주목했다. 그는 인간의 경험을 구성하는 방식에 집중하면서도, 그 안에 담긴 의미를 해석의 과정에서 드러내는 데 중점을 두었다.

반 매넌의 접근은 독서 경험과 같이, 복합적이고 다층적인 체험을 탐색하는 데에 유용하다. 독서 경험은 독자의 삶의 맥락 속에서 생성되고, 그 사람이 가진 세계관, 감정,

정체성, 관계, 시간적 흐름에 따라 해석되며 의미화되는 복합적인 체험이다. 따라서 단순히 체계적으로 분류하거나 유형화하기보다는, 그것이 지닌 의미의 결을 섬세하게 드러내는 방식이 필요하며, 이는 반 매넌이 강조한 '해석학적 글쓰기'와 '의미의 본질 탐색'이라는 실천적 원칙과 잘 맞닿는다.

더 나아가, 반 매넌은 현상학을 단지 철학적 논의에 머무르게 하지 않고, 연구자가 삶의 경험에 예민하게 반응하며 그 안에 깃든 교육적 의미를 포착할 수 있도록 구체적인 실천 지침을 제공한다. 그는 여섯 가지 연구 활동(체험의 본질을 향해 집중하기, 실존적 탐구, 해석학적 현상학적 성찰, 해석학적 현상학적 글쓰기, 강력하고 지향적인 관계 유지, 부분과 전체를 고려함으로써 연구 맥락의 균형 잡기)을 제안하며, 연구자가 현상을 깊이 성찰하고 언어로 형상화하는 과정을 단계적으로 안내한다. 이러한 점에서 반 매넌의 방법은 독서 경험을 다루는 연구에서, 단순히 자료를 수집하고 분석하는 데에 그치지 않고, 그 체험의 본질과 교육적 의미를 통합적으로 드러내는 데 효과적인 틀을 제공할 수 있다.

정리하자면, 반 매넌의 해석학적 현상학은 독서 경험과 같은 섬세하고 복합적인 인간 체험을 연구하는 데 이론적

타당성과 실천적 유용성을 동시에 갖춘 방법이다. 따라서 독서 교육 현장에서의 의미 있는 실천을 위한 연구 기반으로서 유의미한 토대를 마련할 수 있다.

네 가지 근본적 실존체와 독서 경험

김효리(2024)는 애독자들의 독서 경험을 연구하기 위해 반 매넌의 해석학적 현상학을 바탕으로, 독서 경험을 구조화하는 틀로서 '네 가지 근본적 실존체(four existentials)'를 활용했다. 반 매넌(van Manen, 1990)에 따르면, 네 가지 근본적 실존체는 모든 인간 존재가 세계를 경험하는 실존적 토대에 속한다고 볼 수 있으므로, 개별적이고 특수한 행위 주체의 경험을 구조적인 틀로 드러내어 실존적 의미를 파악하는 데 적절한 길잡이가 될 수 있다.

먼저, '시간성'은 물리적 시간 개념이 아닌 인간의 주관적 체험으로서 '실존의 시간'으로, 독서가 특정한 시간의 흐름 속에서 독자에게 어떻게 경험되는지를 조명한다. 독서 중에 흐르는 주관적인 시간의 흐름, 과거의 기억과 연결되는 시간, 미래를 예감하거나 상상하게 되는 시간 등이 모두 이에 포함된다. 독서는 종종 일상적 시간의 리듬을 중단하거나 확장하며, 때로는 독자 스스로 과거를 재구성하고 미래를 설계하게 만드는 계기를 제공한다. 이는 독서가 단순한 현재의 행위가 아니라, 삶의 시간적 흐름 전반에 영향을 미치는 사건이 될 수 있음을 보여 준다.

둘째, '공간성'은 개인이 경험하는 체험의 가치와 의미가 부여된 체험적 공간으로, 독서가 이루어지는 장소, 그리고 독서 행위를 통해 창출되는 심리적 · 상징적 공간을 의미한다. 독서 공간은 단지 물리적 장소에 그치지 않고, 독자가 텍스트와 조우하며 몰입하고 상상하며 의미를 만들어 내는 내면의 공간으로 확장된다. 때로는 독서가 독자에게 새로운 사유의 공간을 열어 주기도 하고, 현실의 고통에서 벗어나 쉴 수 있는 회복의 공간이 되기도 한다. 독서 공간은 그렇게 독자의 삶 속에서 의미 있는 장소로 기억되고, 삶의 중요한 일부로 정착된다.

셋째, '신체성'은 인간의 신체적 기능을 통해 전달되는 외부 세계의 경험들에 대한 의미 구성을 포함하는 것으로, 독서가 독자의 몸과 감각을 통해 어떻게 경험되는지를 포착한다. 독서는 비물질적이고 정신적인 활동으로 여겨지기 쉽지만, 실제로는 몸의 상태와 신체적 감각의 참여 없이는 온전히 이루어질 수 없다. 독자는 눈으로 문장을 따라가며 눈물짓거나 웃고, 코로 책의 냄새를 맡으며 오래된 기억을 불러낸다. 손끝으로 페이지를 넘기며 그 감각을 즐기고, 때로는 가슴이 먹먹하거나 숨이 멎는 듯한 신체적 경험을 하기도 한다. 이러한 독서 경험의 신체성은 독서가 그저 머리로 이해하는 행위를 넘어, 신체의 감각을 통해 온몸으로 겪는 실존적 경험임을 드러낸다.

마지막으로, '관계성'은 개인들이 세계에 존재하는 무수한 존재자들과 관계를 맺는 양상으로, 독서를 통해 독자가 타자와 어떻게 연결되는지를 다룬다. 이는 독서 행위가 타자의 삶, 감정, 세계관에 공감하고 소통하게 하는 관계적 경험이라는 점을 강조한다. 독자는 책 속 등장인물과 정서적 유대를 맺거나, 작가의 사유와 대화를 나누는 시간을 갖기도 한다. 더불어, 독서 경험은 실제 삶 속에서 타인을 바라보는 시선과 태도를 변화시키기도 한다.

이처럼 네 가지 근본적 실존체는 독서 경험의 다층적이고 총체적인 성격을 드러내는 데 유용한 개념적 틀이다. 이를 통해, 독서 경험은 단순히 책의 내용을 이해하는 것이 아니라, 시간과 공간, 몸과 관계 속에서 살아 움직이는 총체적 삶의 체험임을 확인할 수 있다. 이는 독서가 단지 문해력이나 정보 습득을 위한 수단이 아니라, 독자의 존재 전체에 깊이 스며드는 실존적 경험임을 보여 준다.

해석학적 현상학 연구 방법의 절차

반 매넌의 현상학적 체험 연구 방법의 목표는 다양한 유형의 체험의 본질 구조를 해명하는 데 있다. 그는 연구의 실행에 관련된 규칙과 정해진 절차가 있어야 하고 그 과정을 밟아 나감으로써 연구의 목적을 달성할 수 있다고 했다. 따라서 그는 해석학적 현상학 연구의 핵심이 되는 방법적 구조를 여섯 가지의 연구 활동으로 환원하여 절차로 제안했는데, 반 매넌의 해석학적 현상학 연구는 이 여섯 가지 연구 활동 사이의 역동적인 상호작용이라고 볼 수 있다.

그가 제안한 여섯 가지 연구 활동은 '체험의 본질을 향해 집중하기', '실존적 탐구', '해석학적 현상학적 성찰', '해석학적 현상학적 글쓰기', '강력하고 지향적인 관계 유지', '부분과 전체를 고려함으로써 연구 맥락의 균형 잡기'다(van Manen, 1990). 절차로 제안된 연구 활동을 각각 구체적으로 살펴보면 다음과 같다.

첫째, **'체험의 본질을 향해 집중하는 단계'**다. 연구자가 현상에 대한 경험의 본질에 집중하는 것으로, 연구자에게 진지한 관심과 흥미를 불러일으킨 현상에 주목하여 깊이 몰입하는 단계다. 연구자는 어떠한 현상에 대해 연구자의 학문적 관심이 유발된 상황을 기술하면서, 그 현상에 대한 지향을 밝히며 연구를 시작한다(현상학적 지향 밝히기). 이를 토대로 하여, 연구 참여자들의 생생한 일화(anecdote)를 수집하는 데 도움이 될 수 있는 현상학적 질문을 구성한다(현상학적 질문의 구성하기). 또 연구자는 현상학적 연구를 진행하기 위해 연구자로서 어떤 준비를 하였는지에 대해 기술하는 과정을 거치게 된다(연구자의 준비 기술하기). 다음으로, 연구자는 현상에 대한 연구자의 선입견을 배제하고, 연구 참여자의 체험 본질에 다가가기 위해 자신의 가정과 선이해를 밝히는 과정을 거친다(연구자의 가정과 선이해 드러내기).

둘째, **'실존적 탐구 단계'**다. 이 단계는 경험을 개념화하기보다는 경험한 그대로, 겪은 대로 탐구하는 단계로, 주목하는 현상에 대해 연구자 자신의 경험을 기술(연구자의 개인 경험 기술하기)하는 것으로 출발한다. 다음으로, 현상의 어원 및 관용어구를 추적(어원 및 관용어구 추적하기)하는 동시에 그 현상과 관련된 서로 다른 유형의 현상학적 자료(문학, 예술 작품 등)를 다방면으로 수집(다양한 유형의 현상학적 자료 탐색하기)한다. 연구자는 이를 참고하여 연구 참여자들로부터 자료를 수집(체험 당사자를 연구 참여자로 선정하여 자료 수집하기)할 수 있는데, 그 방법으로는 설문 조사, 심층 면담, 참여 관찰 등을 들 수 있다. 연구자는 연구 참여자를 대상으로 자료를 수집함으로써 현상에 대한 있는 그대로의 체험을 생생하게 드러낼 수 있도록 노력해야 한다.

셋째, '해석학적 현상학적 성찰 단계'다. 현상학적 성찰의 목적은 어떤 것의 본질적인 의미를 파악하려는 것이다(van Manen, 1990). 따라서 이 단계에서는 어떤 체험의 본질을 파악함을 목표로, 수집된 자료를 분석하여 '본질적 주제'를 도출해야 한다. 이때 연구자는 경험의 의미를 제대로 도출하기 위해 수집된 자료들을 여러 번 검토하고 참고하면서 분류하고, 고치고, 또다시 분류하는 순환 과정을 반복해야 한다. 본질적 주제를 도출하는 과정을 정리하자면(주제 분석하기), 첫째, 연구 참여자들의 구술 중 의미 있는 것들을 분절하고 분리하는 작업을 통해 '중심 의미'를 구성한다. 둘째, 구성된 중심 의미에서 외연적으로 드러난 것들을 결집하여 '하위 주제'를 찾는다. 셋째, 하위 주제들을 비교 검토한 후 공통성을 결집하여 '본질적 주제'를 도출한다(본질적 주제 드러내기). 마지막으로, '본질적 주제'를 지속적으로 비교하여 반 매넌이 제안한 네 가지 근본적 실존체(시간성, 공간성, 신체성, 관계성)를 찾는 과정을 거친다. 연구자는 이러한 과정을 통해 연구 대상이 되는 경험의 의미를 실존적인 차원에서 드러내고자 노력해야 한다.

넷째, '해석학적 현상학적 글쓰기 단계'다. 연구의 최종 단계로, 글쓰기와 고쳐쓰기를 통해 연구 참여자들이 경험한 의미를 밝혀내는 과정이다. 이 단계에서는 단순히 문자를 나열하는 기술이 아니라 체험의 본질적인 내용을 담기 위해 연구 참여자들의 일상 언어에 주목하고(참여자의 일상 언어에 주목하기), 참여자들의 체험을 잘 담고 있는 주제와 관련된 일화(anecdote)를 사용하여 글을 써야 한다. 이 단계에서 연구자는 글쓰기와 고쳐쓰기를 반복함으로써(글쓰기와 글 고쳐쓰기) 경험의 의미를 다시 고찰하고, 인식하는 복합적인 과정을 거쳐야 한다. 이러한 과정을 통해 현상에 대한 깊이 있는 의미를 발견하고 해석할 수 있으며, 현상을 더욱 섬세하게 이해할 수 있게 되는 것이다.

다섯째, '**강력하고 지향적인 관계 유지**'다. 만일 연구자가 근본적인 물음이나 개념에 대해 강력하게 지향해 나아가지 않는다면, 연구자는 옆길로 새거나 목표 없이 방황하며 맥 빠진 사변에 몰두하나 선이해에 안주하거나 분류학적 개념 혹은 추상적 이론으로 후퇴하려는 등의 유혹을 느끼게 될 것이다. 한편, 어떤 대상에 지향되어 있다면 충분하고도 인간적인 의미에서 대상으로부터 활력을 얻고 있다는 뜻이므로, 과학적 무관심의 태도를 취할 수가 없게 된다. 그러면 피상적인 것들과 거짓들에 안주하려 들지 않고 현상에 대한 강력하고 지향적인 관계를 유지할 수 있다(van Manen, 1990).

여섯째, '부분적 전체를 고려함으로써 연구 맥락의 균형 잡기'다. '현상의 본질이 무엇인가?' 하는 물음을 탐구하다 보면, 대화 구조와 논증적 구성으로 텍스트를 구성하려는 현상학적 연구 목적을 간과할 수 있다. 즉, 그것이 무엇인지 추적하는 것에 골몰하면 작은 덤불에만 얽매여 정작 텍스트에 힘을 부여하는 빈터에는 도달하지 못할 수도 있다는 뜻이다. 그러므로 전체 텍스트 구조에서 부분들이 차지하는 위치성과 의의를 늘 비추어 보면서 연구 텍스트의 전반적인 계획을 끊임없이 가늠해 보는 것이 필요하다. 때때로 뒤로 물러서서 전체를 바라보고 전후 관계를 살펴보고 각 부분이 전체에 어떻게 도움을 주어야 하는가를 살펴볼 필요가 있다(van Manen, 1990).

이처럼, 반 매넌은 구체적인 연구 방법을 제안하였지만, 이러한 단계들이 연구의 기계론적 적용을 목적으로 하는 것이 아니라, 현상학적 연구를 수행하는 연구자의 통찰을 자극하기 위해 고안되었음을 강조한다. 그는 연구자가 이미 탐구 정신을 갖추고 있다고 전제하며, 제시된 단계들은 확정적인 절차가 아니라 순환적이고 역동적인 과정이라고 보았다. 따라서 반 매넌이 제시한 여섯 가지의 연구 활동은 선형적으로 하나씩 진행되는 것이 아니라, 단속적 · 동시적으로 여러 측면에서 이루어질 수 있으며, 연구자의 통찰에 따라 재조정 · 변형 · 통합 · 창조될 수 있다 (van Manen, 1990).

결국, 반 매넌의 해석학적 현상학은 연구자가 독서 경험의 본질을 기술하고 해석하는 데 머무르지 않고, 그 체험이 지닌 교육적 의미, 즉 인간의 변화와 성장을 이끌어 내는 힘을 탐색하도록 이끈다. 이러한 접근은 독서 경험을 인간의 성장 동력으로 이해하게 하며, 이 책 전체가 추구해 온 '성장으로서 독서 경험'이라는 주제의 학문적 토대가 되어 준다.

참고문헌

김효리(2024). 성인 독자의 독서 경험에 관한 현상학적 연구. 가톨릭대학교 대학원 박사학위 논문.

이남인(2004). 『현상학과 해석학』. 서울대학교 출판문화원.

Van Manen, M.(1990). *Researching lived experience.* State University of New York Press, Albany. 신경림·안규남 옮김(1994). 『체험 연구』. 동녘.

지은이 소개

김효리

한국평생독서교육연구소(협) 이사장으로, 독서 교육을 연구하고 강의한다.

가톨릭대학교 대학원에서 독서 교육 전공으로 교육학 석·박사 학위를 받았다.

학교(초등~대학), 교육청, 평생학습관, 도서관, 기업 등 다양한 교육 현장에서 전 연령을 대상으로 독서 교육을 실천하고 있다.

독자들의 독서 경험에 깊은 관심을 가지고, 2017년부터 다양한 독자들을 대상으로 독서 경험 연구를 이어 오고 있다. 주요 논문으로 "성인 독자의 독서 경험에 관한 현상학적 연구: 성인 애독자를 중심으로"(2024), "성인의 독서 경험 내러티브에 나타난 독서의 즐거움 유형 탐색"(2022), "독서교육 프로그램 경험에 관한 내러티브 탐구"(2018), 저서로는 『카피카피와 소리한글』(다락원, 2024) 등이 있다.